실무상 쟁점과 다양한 사례 연구 중심의

손해사정 법무 전문가를 위한

불법행위법

(Basic Tort Law: Statutes, Cases and Problems)

손해사정 법무 전문가를 위한 불법행위법

(Basic Tort Law: Statutes, Cases and Problems)

발행일	2019년 7월 19일

지은이	송수정		
펴낸이	손형국		
펴낸곳	(주)북랩		
편집인	선일영	편집	오경진, 강대건, 최예은, 최승헌, 김경무
디자인	이현수, 김민하, 한수희, 김윤주, 허지혜	제작	박기성, 황동현, 구성우, 장홍석
마케팅	김회란, 박진관, 조하라, 장은별		
출판등록	2004. 12. 1(제2012-000051호)		
주소	서울시 금천구 가산디지털 1로 168, 우림라이온스밸리 B동 B113, 114호		
홈페이지	www.book.co.kr		
전화번호	(02)2026-5777	팩스	(02)2026-5747

ISBN	979-11-6299-793-2 03360 (종이책)	979-11-6299-794-9 05360 (전자책)

이 도서의 국립중앙도서관 출판예정도서목록(CIP)은 서지정보유통지원시스템 홈페이지(http://seoji.nl.go.kr)와
국가자료공동목록시스템(http://www.nl.go.kr/kolisnet)에서 이용하실 수 있습니다.
(CIP제어번호: CIP2019026925)

실무상 쟁점과 다양한 사례 연구 중심의

손해사정 법무 전문가를 위한

불법행위법

(Basic Tort Law: Statutes, Cases and Problems)

송수정 지음

북랩 book Lab

일러두기

1. 이 책은 저자의 2018학년도 1학기 동국대학교 법무대학원 석사과정 「불법행위법」 수업 교재 및 내용을 바탕으로 엮은 것이다. 실제 수업의 토론 주제로 활용한 판례 중 일부를 발췌하여 '사례연구'로 소개하였다. 학습 효과 향상을 위해 수업 시간에 Quiz로 진행한 기출 문제도 함께 수록하였다.

2. 이 책에는 각주와 서지 목록(bibliography)이 있다. 본문 내용에 대한 보충이나 인용한 자료의 출처는 각주를 통해 넣었다. 서지 목록은 집필을 위해 이 책 전반에 걸쳐 참고, 인용한 자료들을 제시한 목록으로서 '참고자료' 부분을 통해 자세히 확인할 수 있다.

　이 책은 동국대학교 법무대학원 석사과정의 「불법행위법」 강의를 기반으로 하고 있습니다. 「불법행위법」 강의는 한 학기에 걸쳐 진행되는 전공과목으로서 2016년 9월, 동국대학교 법무대학원이 신설한 손해사정법무전공의 전문 교육을 위해 제공되고 있습니다.

　금융위원회의 발표에 따르면 한국의 보험 산업은 2000년대 이후로 급속한 성장세를 지속하여 2017년을 기준으로 세계 8위의 보험 시장으로 도약하였습니다. 손해사정사는 보험업법에 의한 전문 자격인으로 1978년에 처음 배출된 이래로 현재 1만여 명이 국민의 곁에서 활동하고 있습니다. 특히, 손해사정사는 보험 사고의 첫 심판자이자 대리인으로서 국민의 삶과 긴밀하게 호흡하며 사회 정의의 실질적 구현에 중요한 역할을 하고 있습니다.

　보험 사고로 인해 발생하는 피보험자 및 피해자와의 관계에서 기본 전제가 되는 손해배상 책임은 손해사정사의 법률적 전문성이 강력하게 요청되는 부분이기도 합니다. 「불법행위법」 강의는 우리나라 보험 산업 규모의 확대에 따라 증대되는 사회적 수요에 부응하고 보험 전문인의 전문성 제고에 기여하고자 탄생했습니다.

　이 책은 「불법행위법」 강의의 실제 교재로서 업무와 학업을 병행하는 수강생의 학습 편의와 학습 효과 극대화를 위해 요점만을 정리하여 간추린 핸드북 형태로 제작되었습니다. 기본적인 법학 개념을 비롯하여 주요 법률 조문 및 판례의 핵심 내용을 함께 수록함으로써 추가적인 자료 탐색 없이 본 교재만으로도 충분히 심화 학습이 가능하도록 구성하였습니다.

이 책은 손해배상 법리의 근간을 이루는 민법상 불법행위의 개념을 중심으로 이론적인 기초를 다지고, 주요 개념과 관련된 판례와 실무 사례를 종합적으로 다루고 있습니다. 손해사정의 실무 현장에서 중심이 되는 민법상 불법행위에 대한 체계적 이해를 심화하는 한편, 다양한 유형의 사례에 대한 쟁점 분석을 통해 손해사정 법무 전문가로서 겸비하여야 할 이론과 실무에 깊이를 더할 수 있도록 합니다.

「불법행위법」 강의는 현직에서 활동 중인 손해사정사 및 손해사정사 자격 시험을 준비하는 수험생을 비롯하여 실용적인 법무 지식을 향상하고자 하는 비 법학 전공자 또한 많이 수강하는 과목입니다. 이 책 역시 전공과 연령을 불문하고 「불법행위법」에 관심을 가지고 있는 모든 독자를 대상으로 합니다.

'어떻게 하면 마주하는 학생들의 전문성 향상에 효과적으로 기여할 수 있을까?'라는 고민에서 이 책의 집필을 시작하게 되었습니다. 끝나지 않을 고민과 함께 세상에 나온 첫 책인 만큼 부족함이 많습니다. 학생들을 향한 진심과 함께 노력의 발걸음을 멈추지 않고 앞으로 한 걸음씩 나아갈 수 있도록 독자들의 소중한 의견과 조언을 기다립니다.

끝으로 이 책이 세상에 나올 수 있도록 크나큰 용기와 영감을 주셨던 제자분들을 비롯하여 지식과 경험을 보존하고 공유하는 따스한 일

을 위해 오늘도 불철주야로 힘써 주시는 출판사 관계자분들께 깊은
감사의 뜻을 표합니다.

푸르름이 깃든 동악에서

2019년 7월

저자 송수정 드림

목차

제6장. 과실책임과 무과실책임

제7장. 민법상 특수불법행위

제8장. 특칙으로서의 명예훼손

제9장. 손해배상 책임의 소멸

확인 학습

부록. 생활 속 법률상식

제1장

손해배상 법리의 기초

1. 손해배상 법리의 의의 및 역사

사람의 몸에 상처가 발생하면 치유가 필요하듯이 법률관계에서도 불법행위 등과 같은 상처가 발생하면 이를 치료하는 제도가 마련되어 있어야 한다. 물론, 원상회복이 가장 확실한 방법이겠지만, 이미 엎질러진 물을 주워 담기 어렵다는 것은 법률관계라고 해서 예외는 아닐 것이다. 결국, 최종적으로 의존할 수 있는 것은 손해에 해당하는 정당한 금전적 보상이 될 것이다. 한 나라가 갖추어야 할 적절한 금전적 손해전보 법제에는 손해배상과 손실보상 법제가 있다. 손해배상과 손실보상은 흔히 행정법 이론서에서 함께 소개되는데, 사실 그 기원이나 기본적인 전제가 서로 다른 별개의 제도이다.

손해배상과 관련된 법제는 개인 간의 거래 관계에서 다양하게 발생하는 손해 가운데 특히, 채무불이행이나 불법행위로 인하여 발생한 손해를 전보하기 위한 법제로서 사법(私法)의 영역에서 발달하였다. 개인 간의 거래에서 적용되었던 손해배상 법제는 근대 시민혁명 이후 법치주의가 성립되면서 행정법의 영역으로 확대되어 국가배상 책임으로 발전하게 되었다.

반면, 손실보상 제도는 개인 간의 주거생활 영역에서 주로 적용되던 법제였는데 근대국가의 성립 이후 국가의 역할이 점차 확대되면서 행정법 영역에서 크게 발달하였다. 즉, 도시 발달, 지역 개발 및 환경보호 등 주민의 복리 실현 내지 공공 필요에 따라 개인의 재산권을 침해할 수밖에 없는 경우가 발생하는데, 공공 필요라는 이유로 이를 방치한다면 이는 결과적으로 개인의 재산권을 침해하게 되므로 개인의 재산권 보호 차원에서 특별한 재산상의 침해에 대하여는 국가가 재정으로 보상하여야 한다는 이론이 바로 손실보상인 것이다.

대한민국 헌법은 손해배상의 근거를 국가의 불법행위에 대한 청구권이라는 점을 나타내기 위하여 제29조에서 규정하고 있는 한편, 손실보상은 개인의 재산권 보호와 관련된 제23조에서 규정하고 있다.

2. 손해배상 법제의 기본 개념 및 구성 체계

　손해배상과 관련된 법률은 크게 ① 민법상 손해배상과 ② 민법에 대한 특별법상 손해배상으로 구분할 수 있다. 특별법상 손해배상은 다시 국가배상법의 적용을 받는 행정상 손해배상과 그 밖의 개별법의 적용을 받는 손해배상으로 나눌 수 있다. 하지만 국가배상법 제8조에서는 국가의 손해배상 책임에 관하여는 이 법에 규정된 사항 외에는 민법을 적용한다고 규정하고 있고, 개별법상 손해배상도 민법과 별 차이 없어 결국 손해배상 법제는 단일 체계라고 해도 과언이 아니다.

　일반적으로, 손해배상과 손실보상은 모두 청구권으로 이해된다는 점에서 공통점을 가진다. 그러나 헌법 제23조에 따라 법률에 의하여 발생하게 되는 손실보상청구권과는 다르게, 손해배상청구권은 ① 계약에 근거한 손해배상청구권과 ② 법률의 규정에 의한 손해배상청구권으로 구별한다. 구체적으로, 법률이 손해배상 의무를 계약 위반에 결부시키고 있는 경우에는 이를 계약적 손해배상청구권이라고 하며, 법령 위반에 결부시키고 있는 경우에는 이를 법률적 손해배상청구권이라 한다. 전자의 대표적인 입법례가 민법 제390조에서 규정하고 있는 채무불이행에 따른 손해배상 책임이고, 후자의 대표적인 입법례가 민법 제750조 및 이하의 규정에 의하여 성립하는 불법행위에 대한 손해배상 책임이다.

이러한 구분이 논리적이기는 하지만, 현실에서는 양자의 구별이 쉽지는 않다. 예컨대, 건축사법 제20조에서는 건축사의 손해배상 책임 요건을 "건축사가 업무를 수행함에 있어 고의 또는 과실로 인하여 건축주에게 재산상의 손해를 발생하게 한 경우에는 그 손해를 배상할 책임이 있다."라고 규정하고 있는데, 건축주에게 재산상의 손해를 발생하게 하는 경우는 '건축사의 채무불이행'뿐만 아니라 '건축사의 불법행위'도 포함되기 때문이다.

근래에는 개별법으로 손해배상을 인정하는 법제가 늘어나고 있고, 민법에 대한 특칙으로서 개별 행정법에서 다르게 정한 입법례를 통해 분야별로 세분화, 전문화된 입법 수요를 충족하고 있는 실정이다. 그러나 손해배상은 기본적으로 민법이 전반적으로 적용되고 있는 사법의 영역으로서, 개별법상 손해배상도 민법 규정을 준용하거나 큰 차이가 없기에 손해배상 책임의 법리를 이해하는 데 있어서 민법상의 기본 원리를 학습하는 것이 무엇보다 중요하다.

제2장

민법상 손해배상 책임

1. 민법상 손해배상 책임과 보험

책임이란 개인이 행동한 결과가 그 행위의 주체에게로 돌아가는 것을 말한다. 즉, 살아가면서 행하는 매 순간의 행동으로 인하여 어떠한 결과가 발생하게 되고, 그 결과로 인하여 특정한 개인은 어떠한 재산, 명예, 도덕성, 자유를 모두 포함되는 권리와 의무 관계에 놓이게 되며, 그러한 관계 안에서 이익이나 불이익을 감수하게 된다.

이러한 책임을 윤리적, 도덕적, 사회적 책임 등으로 분류할 수도 있지만, 실질적으로 개개인에게 큰 영향을 미치는 것은 법률적 책임이다. 책임은 법률적으로 크게 ① 민사법적 책임, ② 형법적 책임, ③ 행정법적 책임으로 구분한다. 무엇보다도, 보험회사가 보험금을 지급하기 위해서는 피보험자가 법률상 배상 책임, 특히 민법상의 배상 책임을 부담하는 것이 전제되어야 한다.

2. 형사법적 책임과의 구별

1) 위법성의 인식

형사책임에서는 위법성의 인식이 필요하나, 민사책임에서는 이를 요하지 않는다.

> **손해배상(기)**
> **[대법원 2002. 7. 12., 선고, 2001다46440, 판결]**
>
> 【판시 사항】
> [1] 불법행위에 있어서 고의의 요건으로 위법성의 인식이 포함되는지 여부(소극)
> [2] 채무가 고의의 불법행위로 인한 것이라는 이유로 채무자의 상계가 불허된다고 한 사례
>
> 【판결 요지】
> [1] 불법행위에 있어서 고의는 일정한 결과가 발생하리라는 것을 알면서 감히 이를 행하는 심리상태로써, 객관적으로 위법이라고 평가되는 일정한 결과의 발생이라는 사실의 인식만 있으면 되고 그 외에 그것이 위법한 것으로 평가된다는 것까지 인식하는 것을 필요로 하는 것은 아니다.
> [2] 채무가 고의의 불법행위로 인한 것이라는 이유로 채무자의 상계가 불허된다고 한 사례

2) 책임 발생 및 책임 귀속의 근거

민사적으로는 고의가 있는 경우뿐만 아니라 과실이 있는 경우에도 원칙적으로 손해배상 책임이 있다. 그러나 형사재판의 경우에는 고의 인지, 과실인지에 따라 커다란 차이가 존재한다. 즉, 고의로 한 모든 행동에 대해 처벌하지만, 과실인 경우에는 예외적으로 처벌하고 있다. 과실인 경우에는 고의로 한 행동보다 그 형이 가볍고, 심지어 처벌받지 않는 경우도 있다.

예를 들어 일부러 남의 물건을 깨뜨린 경우에는 손괴죄가 되지만 실수로 남의 물건을 깨뜨린 경우에는 과실손괴죄가 되는데, 과실손괴죄는 이를 처벌하는 규정이 없기 때문에 형법상 책임을 지지 않게 된다. 그러나 과실로 타인의 재물을 손상케 하면 불법행위에 의한 손해배상 책임은 성립한다.

3) 책임의 목적

민사책임의 목적은 손해의 전보와 공평한 분담에 있다. 반면, 형사적인 책임은 공동체인 국가와 관련되어 있고 응보적인 성격이 강하다. 다시 말해, 형사적인 책임을 개인에게 부여함으로써 대중으로 하여금 일벌백계의 효과(형벌의 위하적 효과) 및 예방적 효과에 보다 중점을 두고 있다.

4) 타인의 행위에 대한 책임

민사책임에는 타인의 행위일지라도 일정한 범위 내에서 책임을 지는 경우가 있다. 형사책임은 타인의 잘못에 대해서는 책임을 지지 않는 것이 원칙이다.

5) 책임의 종류

형사책임은 형법에 규정되어 있는 사형, 징역, 금고, 벌금, 몰수, 추징, 집행유예, 선고유예 등이며, 소년법, 식품위생법 등에도 형사적인 책임에 관한 규정이 존재한다.

6) 책임의 영역

민사법적 책임이 개인 대 개인의 문제라면, 형사법적 책임은 개인 대 국가의 문제이다. 즉, 피해자는 증인에 머무르게 되며, 국가가 직접 형사적 책임을 가해자에게 부과하는 것이다.

형사법적 책임이 확정된다면, 피해자는 민사법적 책임을 수월하게 가해자에게 물을 수 있으나, 가해자가 자력(금전적 배상능력)이 있는지의 여부는 민사법적인 문제이므로 국가가 보장하지 못한다.

7) 민사법적 책임과의 관계

불법행위와 형사법적인 처벌은 별개의 문제이다. 따라서 해당 요건에 맞춰서 판단해야 한다. 하나의 행위로 양 책임이 모두 성립할 수도 있고, 하나의 책임만 성립할 수도 있다.

3. 행정법적 책임과의 구별

1) 책임의 발생

주로 사회의 안전 질서 내지는 특정한 목적을 달성하기 위한 규정을 위반하는 경우에 발생하는 것이 행정법적인 책임이다. 술이나 담배를 미성년자에게 판매하는 경우에는 영업 정지, 음주운전을 하는 경우에는 면허 정지, 면허 취소 등의 제재가 발생하는데 이러한 책임이 행정법적 책임의 대표적인 예이다.

2) 책임의 종류

각종 면허나 자격의 정지 및 취소, 과태료 등이다. 각종 행정규제법에 규정되어 있다.

3) 책임의 영역 및 민사법적 책임과의 관계

형사법적인 책임과 유사하며, 국가나 지방자치단체와 개인 간의 문제이다. 다만, 형사법적인 책임의 인정은 민사법적인 책임의 입증으로 직접적인 연결이 될 수 있으나, 행정법적인 책임은 일반적으로 민사법적인 책임을 위한 추가적인 입증이 필요하다는 점에서 차이가 있다.

예를 들면, 폭행죄로 형법상의 처벌을 받게 되면, 피해자는 민사법적으로 가해자에게 책임을 묻는 것이 용이하게 된다. 그러나 미성년자에게 술을 팔았다고 하여, 미성년자가 가게를 상대로 정신적인 위자료를 묻거나 미성년자의 부모가 가게를 상대로 정신적인 위자료를 묻는 것은 실질적인 손해가 발생하였음에 관하여 피해자가 입증하여야 한다.

4. 민법상 손해배상 책임의 발생

　민법상 손해배상 책임이 발생하는 대표적인 원인은 채무불이행과 불법행위이다. 우선, 특정한 계약을 맺은 당사자들은 계약에 따른 행동을 할 의무가 발생한다. 채무불이행으로 인한 손해배상은 채권·채무의 관계가 성립하는 것을 전제로 하여 채무자가 채무를 이행하지 않을 때, 채권자가 입은 손해의 배상을 문제 삼고 있다. 반면, 불법행위에 따른 손해배상 책임은 채권 관계를 전제로 하지 않고 단지 위법행위로 타인에게 손해를 가한 경우에 배상 책임을 지운다는 점에서 양자 간의 차이가 있다.[1]

　예를 들어, A가 B에게 금전을 대여해 주고 B가 이자를 지급하기로 하였다면, 이와 같은 계약행위를 한 행동에 따라 양 당사자는 법률상의 책임이 발생하게 되므로 A는 금전을 대여하여야 하고, B는 이자를 지급할 책임을 부담하는 것이다. 계약이 제대로 지켜지지 않는 경우에는 민법 제390조의 채무불이행이 성립하여, 계약에서 정한 벌칙을 이행하거나 계약에서 미리 정하지 아니하였다면 민법에 따른 책임을 부

---

[1]　조용호, "손해배상 관련 심사기준 정립을 위한 입법례분석", 법제처, 『월간법제』 2008권 12호, (2008).

담하게 된다.

한편, 계약관계가 없는 경우에 있어서도 민법상의 배상 책임이 발생하는 경우도 있다. 예를 들면, 길거리를 지나가다가 폭행이 발생하는 경우가 이에 해당한다. 이 경우, 민법 제750조의 불법행위에 따른 손해배상이 주로 문제가 된다. 물론, 계약이 있는 경우에도 불법행위 책임을 물을 수 있다.

피해자가 100만 원의 손해를 입게 되어 청구할 수 있는 권리로 가해자의 채무불이행 책임 및 불법행위 책임을 동시에 제기할 수 있는 경우를 생각해 보자. 이러한 경우, 피해자는 가해자에게 채무불이행 책임으로 100만 원, 불법행위 책임으로 100만 원, 총합 200만 원을 배상받을 수 있는 것이 아니다. 다만, 피해자는 가해자에게 총 100만 원의 금원을 청구할 수 있으나, 그 근거로서 채무불이행 및 불법행위가 있는 것이다. 즉, 피해자가 불법행위를 주장하였으나 법원에서 받아들여지지 아니하더라도 채무불이행 책임에 근거하여 100만 원의 금원을 받아낼 수 있다. 다시 말해, 계약이 있는 경우에는 손해배상금을 취득하기 위한 주장 방법이 추가되는 것이다.

채무불이행과 불법행위의 유형은 매우 다양하여 법률이 이를 구체적으로 규정하기 어려운 점이 있다. 민법 제390조와 제750조에서는 그 요건을 일반규정 형식으로 규정하여 해석과 판례를 통해 탄력적으로 적용될 수 있도록 하고 있다. 한편, 민법의 이러한 추상적·일반적 규정은 전문화, 고도화된 분야별 손해배상 법제에는 적용되기 어려운 점이 있어 각종 다양한 개별법에서 손해배상 관련 조문을 마련하게 된 원인이 되기도 한다.

5. 민법상 손해배상 책임의 영역

민사적 책임은 주로 개인과 개인 간의 문제이다. 물론, 개인과 법인 격을 가진 회사나 협회 등과도 계약상의 책임이나 손해배상의 문제가 발생할 수 있다. 국가는 민사소송이나 민사집행 등의 절차를 통해 민사적인 책임의 이행에서 간접적인 역할만을 하고 있다.

제3장

민법상 채무불이행 책임과의 구별

1. 사례 연구

甲은 乙 통신회사와 일반 전화 가입 계약을 체결하고 전화를 사용해 왔다. 乙 회사의 요금 관리장으로 근무하던 직원 丙은 甲이 일정 기간 동안 전화 요금을 연체하였다는 이유로 시내 전화 이용약관에 따라 甲의 전화를 직권 해지하는 한편, 乙 회사가 甲에게 반환하여야 할 설비비를 위 미납 요금과 대등액에서 상계처리하였다. 그러나 甲은 전화 요금을 연체한 바 없었다.

이에, 甲은 乙 회사가 아무런 독촉이나 통보 절차 없이 부당하게 직권으로 해지하였으므로 乙이 甲에게 그 손해를 배상할 의무가 있다고 주장하면서 손해배상청구를 하였다.

법원은 乙 회사가 부당하게 직권 해지하는 등 불법행위를 저질렀다는 점에 대한 甲의 입증이 부족하다는 이유로 甲의 청구를 기각하였다.

한편, 甲은 손해배상청구가 계약 책임을 묻는 것인지, 아니면 불법행위 책임을 묻는 것인지는 명시한 바 없다.

【검토 사항】

■ 甲이 제기한 손해배상청구의 법률적 근거는 계약 책임으로 구성하여야 하는가, 아니면 불법행위 책임으로 구성하여야 하는가? 그 이유는 무엇이며, 각각의 법률적 근거에 따라 발생하는 차이는 무엇인가?

■ 법원은 손해배상청구의 법률적 근거를 불법행위 책임을 묻는 것

으로 단정한 뒤 증명이 부족하다는 이유로 청구를 받아들이지 않았다. 법원의 판단은 잘못되었는가?

■ 법원은 甲으로 하여금 그 주장을 법률적으로 계약 책임으로 구성하는지, 혹은 불법행위 책임으로 구성하는지 명쾌하게 정리할 석명 또는 지적의무를 부담하는가?

【판례 분석】

이 사건은 민법상 채무불이행 책임과 불법행위 책임의 구별이 가지는 중요성을 잘 보여 주고 있다. 다음의 대법원판결에서도 명시하고 있듯이, 손해배상청구의 법률적 근거를 계약 책임으로 구성하느냐, 불법행위 책임으로 구성하느냐는 중대한 법률적 사항으로서 요건 사실에 대한 증명책임에 커다란 차이를 가져온다.

손해배상(기)
[대법원 2009. 11. 12., 선고, 2009다42765, 판결]

【판시 사항】

[1] 법률상 사항에 관한 법원의 석명 또는 지적의무

[2] 손해배상청구의 법률적 근거가 계약 책임인지, 불법행위 책임인지 불명확함에도 석명권을 행사하지 않고 불법행위 책임을 묻는 것으로 단정한 뒤 증명이 부족하다는 이유로 청구를 받아들이지 않은 원심판결을 파기한 사례

【판결 요지】

[1] 민사소송법 제136조 제4항은 "법원은 당사자가 간과하였음이 분명하다고 인정되는 법률상 사항에 관하여 당사자에게 의견을 진술할 기회를 주어야 한다."라고 규정하고 있으므로, 당사자가 부주의 또는 오해로 인하여 명백히 간과한 법률상의 사항이 있거나 당사자의 주장이 법률상의 관점에서 보아 모순이나 불명료한 점이 있는 경우 법원은 적극적으로 석명권을 행사하여 당사자에게 의견 진술의 기회를 주어야 하고, 만일 이를 게을리한 경우에는 석명 또는 지적의무를 다하지 아니한 것으로서 위법하다.

[2] 손해배상청구의 법률적 근거는 이를 계약 책임으로 구성하느냐, 불법행위 책임으로 구성하느냐에 따라 요건 사실에 대한 증명책임이 달라지는 중대한 법률적 사항에 해당하므로, 당사자가 이를 명시하지 않은 경우 석명권을 행사하여 당사자에게 의견 진술의 기회를 부여함으로써 당사자로 하여금 그 주장을 법률적으로 명쾌하게 정리할 기회를 주어야 함에도, 이러한 조치를 취하지 않은 채 손해배상청구의 법률적 근거를 불법행위 책임을 묻는 것으로 단정한 뒤 증명이 부족하다는 이유로 청구를 받아들이지 않은 원심판결을 파기한 사례

2. 구별의 실익 및 중요성

민법 제390조(채무불이행과 손해배상)

채무자가 채무의 내용에 좇은 이행을 하지 아니한 때에는 채권자는 손해배상을 청구할 수 있다. 그러나 채무자의 고의나 과실 없이 이행할 수 없게 된 때에는 그러하지 아니하다.

민법 제750조(불법행위의 내용)

고의 또는 과실로 인한 위법행위로 타인에게 손해를 가한 자는 그 손해를 배상할 책임이 있다.

전술하였듯이, 민법은 손해배상 책임의 발생 근거를 크게 채무불이행 책임(제390조)과 불법행위 책임(제750조)으로 나누어 규율하고 있다. 법문상으로 「민법」 제750조 불법행위의 성립요건은 제390조와 달리 '위법성'과 '손해의 발생'을 추가하고 있는 것처럼 보인다. 그러나 손해 발생은 모든 손해배상청구의 전제적인 조건이므로 법문에서 표현되어 있지 아니하였다고 하여 달리 볼 것은 아니다.[2]

양 책임 모두 '타인에 대한 손해 야기'라는 위법행위에 따른 책임이

---

2 조용호, (2008). 재인용.

라는 공통점을 가지고 있으면서도 과책 사유에 대한 입증 부담, 소멸 시효의 적용 등에서 차이를 보이고 있다. 채무불이행 책임이 특히 계약과 같은 채권·채무관계에 놓여 있는 자들 사이에서만 문제 되는 책임이라면, 불법행위 책임은 그러한 특수한 관계의 유무와 관계없이 어떠한 사람들 사이에서 언제든지 발생 가능한 손해 야기의 사태를 규율하고 있다. 즉, 불법행위 책임은 불특정 사이에 존재하는 일반적 책임으로 여겨지는 반면에, 채무불이행 책임은 당사자 사이의 계약, 즉 특정인과 특정인 사이의 관계에서 발생하는 책임이다. 대체로, 피해자와 가해자가 계약이라는 특별한 결합 관계 내지 신뢰 관계를 전제로 하는 채무불이행 책임이 불법행위 책임에 비하여 피해자인 채권자의 피해 구제에 유리한 내용을 갖추고 있다고 평가할 수 있다.[3]

1) 고의 또는 과실의 입증 주체

입증 책임이란, 특정한 결과를 가져오는 요건에 대해서 그러한 요건이 존재함을 입증하지 못하였을 경우에 받는 불이익을 말한다. 즉, 입증하지 못한 경우에 누가 불리해지는지를 판단하면 된다.

채무불이행 책임의 경우, 고의 또는 과실이 없었음을 채무자(가해자)가 입증하여야 한다. 반면, 불법행위의 경우에는 고의 또는 과실이 존재함을 채권자(피해자)가 입증하여야 한다. 둘 다 고의 내지는 과실이

---

3 한국민사법학회, "민법 제763조에 의한 채무불이행 책임규정의 불법행위 책임에의 준용의 입법적 타당성", 법무부, (2012).

성립요건이므로 고의나 과실이 있어야 함은 동일하다. 그러나 고의나 과실이 존재함을 입증하는 것이 실제로 쉬운 문제만은 아니므로, 일반적으로 채무불이행 책임에서는 피해자가 입증 책임에서 유리하다.

2) 소멸시효

민법 제162조(채권, 재산권의 소멸시효)
① 채권은 10년간 행사하지 아니하면 소멸시효가 완성한다.
② 채권 및 소유권 이외의 재산권은 20년간 행사하지 아니하면 소멸시효가 완성한다.

민법 제766조(손해배상청구권의 소멸시효)
① 불법행위로 인한 손해배상의 청구권은 피해자나 그 법정대리인이 그 손해 및 가해자를 안 날로부터 3년간 이를 행사하지 아니하면 시효로 인하여 소멸한다.
② 불법행위를 한 날로부터 10년을 경과한 때에도 전 항과 같다.

소멸시효란, 권리를 일정한 기간 동안 행사하지 아니하면, 해당 권리를 소멸시키는 제도를 말한다. 즉, 손해배상청구권을 행사할 수 있는 경우임에도 불구하고 일정한 기간 동안 행사하지 아니하는 경우에는 가해자로서는 손해배상 의무를 면하게 된다.

채무불이행 책임의 경우에는, 특별히 시효를 규정한 기간이 없으므로 민법 제162조 제1항에 따라 채권은 10년간 행사하지 아니하면 소멸시효가 완성된다. 반면, 불법행위 책임의 경우에는 제766조 제1항 및 제2항에 따라, 피해자나 그 법정대리인이 그 손해 및 가해자를 안 날로부터 3년, 사고가 발생한 날로부터 10년간 행사하지 아니하면 소멸시효가 완성된다.

3) 배상액의 경감

민법 제765조(배상액의 경감청구)
① 본 장의 규정에 의한 배상의무자는 그 손해가 고의 또는 중대한 과실에 의한 것이 아니고 그 배상으로 인하여 배상자의 생계에 중대한 영향을 미치게 될 경우에는 법원에 그 배상액의 경감을 청구할 수 있다.
② 법원은 전 항의 청구가 있는 때에는 채권자 및 채무자의 경제 상태와 손해의 원인 등을 참작하여 배상액을 경감할 수 있다.

민법 제765조에 의하여, 불법행위에서는 고의나 중과실에 의하지 않는 불법행위의 경우, 배상으로 배상자의 생계에 중대한 영향을 미치게 되는 경우 법원에 배상액의 경감을 청구할 수 있는 길을 열어 놓고 있다. 반면, 채무불이행의 경우에는 이에 관한 규정이 없다.

4) 상계금지

민법 제492조(상계의 요건)
① 쌍방이 서로 같은 종류를 목적으로 한 채무를 부담한 경우에 그 쌍방의 채무의 이행기가 도래한 때에는 각 채무자는 대등액에 관하여 상계할 수 있다. 그러나 채무의 성질이 상계를 허용하지 아니할 때에는 그러하지 아니하다.

'상계'란 동일 당사자 간에 동일 종류의 서로 대립되는 채권·채무를 대등액에서 소멸케 하는 일방적 의사표시이며, 민법 제492조에서 이를 규정하고 있다. 즉, 상계는 상계자가 자기의 채무를 이행하는 방법으로 하는 채권의 독립된 소멸 사유로서, 대립되는 채무가 상호 조건적으로 소멸한다. 이러한 상계제도는 결제의 편의, 공평의 이념, 담보적 기능이라는 다목적의 기능을 가지는 제도이다.[4]

그러나 민법 제496조의 상계제한 규정에 의하여 가해자는 고의에 의한 불법행위로 부담하는 손해배상채무를 수동 채권으로 상계할 수 없는데 이는 계약 책임에는 없는 제도이다. 즉, 채무불이행 책임으로 인한 손해배상청구권의 경우, 채권자가 반대채권으로 상계하는 데 아무런 장애가 없으나 불법행위로 인한 손해배상청구권에 대해서는 채무자는 그가 피해자에 대하여 갖는 채권으로 자기의 손해배상채무를 상계하지 못한다.

---

4 장재현, "상계에서 몇 가지 문제", 경북대학교 법학연구원, 『법학논고』 제28집, (2008).

5) 태아의 권리능력

> **민법 제762조(손해배상청구권에 있어서의 태아의 지위)**
> 태아는 손해배상의 청구권에 관하여는 이미 출생한 것으로 본다.

"사람은 생존한 동안 권리와 의무의 주체가 된다."라는 민법 제3조 규정에 따라 권리와 의무의 주체는 살아 있는 사람이다. 따라서 불법행위 시점에 태어나지 않은 태아는 아무런 권리를 가지지 못하는 것이 원칙이다. 그러나 모든 경우에 태아의 권리능력을 인정하지 않으면 태아에게 불리하거나 공평에 반하는 경우가 생길 수 있다. 예를 들어, 부(父)가 사망한 경우에 태아임을 이유로 재산을 상속받지 못한다면 태어난 후 상당히 불리한 위치에 놓일 수 있게 된다.

따라서 법은 일정한 경우에 태아가 이미 출생한 것으로 보고 그 권리능력을 인정해서 태아의 이익을 보호하고 있다. 이러한 맥락에서, 민법 제762조에 따라 태아도 손해배상청구권에 관하여는 이미 출생한 것으로 보아 불법행위 시점에 태어나지 않았더라도 출생한 이후 가해자에게 위자료를 청구할 수 있게 된다. 판례는 부(父)의 부상·사망으로 인한 태아의 정신상 고통에 대한 위자료청구권 및 조기 출산으로 인해 미숙아로서 제대로 성장하지 못하고 사망한 경우, 태아 자신의 생명 침해로 인한 손해배상청구권을 인정하고 있다.

6) 타인의 행위에 대한 책임

채무불이행의 경우, 민법 제391조에 따라서 이행보조자의 법리가 적용되어 채무자에게는 면책 가능성이 부정되는 반면에, 불법행위의 경우에는 제756조 제1항에 따라 사용자의 면책 가능성이 인정된다.

민법 제391조(이행보조자의 고의, 과실)

채무자의 법정대리인이 채무자를 위하여 이행하거나 채무자가 타인을 사용하여 이행하는 경우에는 법정대리인 또는 피용자의 고의나 과실은 채무자의 고의나 과실로 본다.

민법 제756조(사용자의 배상 책임)

① 타인을 사용하여 어느 사무에 종사하게 한 자는 피용자가 그 사무집행에 관하여 제삼자에게 가한 손해를 배상할 책임이 있다. 그러나 사용자가 피용자의 선임 및 그 사무감독에 상당한 주의를 한 때 또는 상당한 주의를 하여도 손해가 있을 경우에는 그러하지 아니하다.

② 사용자에 갈음하여 그 사무를 감독하는 자도 전 항의 책임이 있다. 〈개정 2014. 12. 30.〉

③ 전 2항의 경우에 사용자 또는 감독자는 피용자에 대하여 구상권을 행사할 수 있다.

7) 위자료 및 간접피해자의 청구

민법 제751조(재산 이외의 손해의 배상)

① 타인의 신체, 자유 또는 명예를 해하거나 기타 정신상 고통을 가한 자는 재산 이외의 손해에 대하여도 배상할 책임이 있다.

② 법원은 전 항의 손해배상을 정기금 채무로 지급할 것을 명할 수 있고 그 이행을 확보하기 위하여 상당한 담보의 제공을 명할 수 있다.

민법 제752조(생명침해로 인한 위자료)

타인의 생명을 해한 자는 피해자의 직계존속, 직계비속 및 배우자에 대하여는 재산상의 손해 없는 경우에도 손해배상의 책임이 있다.

민법 제751조는 위자료를 규정하고 있으며, 불법행위에 의한 신체 손해 등이 발생하였을 경우에는 위자료가 지급된다. 민법상 채무불이행 책임에서는 동 조문과 같은 내용을 규정하고 있지 않다. 이는 일반적으로 계약상 채무불이행으로 인하여 재산적 손해가 발생한 경우, 그로 인하여 계약 당사자가 받은 정신적인 고통은 재산적 손해에 대한 배상이 이루어짐으로써 회복된다고 보아야 할 것이기 때문이다.

건물명도등
[대법원 1994. 12. 13., 선고, 93다59779, 판결]

【판시 사항】
임대인의 채무불이행으로 인하여 임차인이 임차의 목적을 달성할 수 없게 된 경우, 위자료의 인정 여부

【판결 요지】
일반적으로 임대차계약에 있어서 임대인의 채무불이행으로 인하여 임차인이 임차의 목적을 달성할 수 없게 되어 손해가 발생한 경우, 이로 인하여 임차인이 받은 정신적 고통은 그 재산적 손해에 대한 배상이 이루어짐으로써 회복된다고 보아야 할 것이므로, 임차인이 재산적 손해의 배상만으로는 회복될 수 없는 정신적 고통을 입었다는 특별한 사정이 있고, 임대인이 이와 같은 사정을 알았거나 알 수 있었을 경우에 한하여 정신적 고통에 대한 위자료를 인정할 수 있다.

한편, 채무불이행 책임에 있어서는 정신적 손해인 위자료를 인정하지 않으나, 대법원은 재산적 손해의 배상만으로는 회복될 수 없는 정신적 고통을 입었다는 특별한 사정이 있고, 상대방이 이와 같은 사정을 알았거나 알 수 있었을 경우에 한하여 제한적으로 정신적 고통에 대한 위자료를 인정할 수 있다고 하였다.

또한, 계약의 당사자인 채권자에게만 손해배상청구권이 인정되며 계약 당사자의 근친자의 손해배상청구권은 인정되지 않는 채무불이행과는 다르게 불법행위에서는 민법 제752조에 따라 직접피해자 이외에도 사망의 경우 유족 고유의 위자료 청구권이 인정된다. 판례는 생명 침해 이외에도 민법 제750조에 근거하여 친족의 위자료 청구권을 인정하고 있으며, 두 조문의 차이는 입증의 정도라고 할 수 있다. 즉, 제750

조에 의한 위자료 청구는 친족인 본인의 정신적인 손해와 인과관계 등을 밝혀야 하지만, 제752조에 의한 위자료 청구는 친족인 본인이 생명을 해한 사고에서 피해자의 친족임을 입증하면 청구권이 발생한다.

손해배상등
[대법원 1967. 6. 27., 선고, 66다1592, 판결]

【판시 사항】
신체의 침해 정도가 피해자의 죽음에 비견할 수 있는 것이 아닌 경우와 피해자의 친족의 위자료 청구권

【판결 요지】
타인의 불법행위로 정신적 고통을 입은 경우에는 그 상해가 죽음에 비견할 수 있는 것이 아니라 하여도 피해자의 부모, 부부, 자식들은 그로 인한 정신적 손해의 배상을 청구할 수 있다 할 것이며 민법 제752조는 손해의 거증책임을 경하게 규정한 데 불과하고 민법 제750조, 본조의 적용에 어떠한 제한을 가한 것이라고 볼 것이 아니다.

---

8) 준용

(1) 의의

민법 제763조(준용 규정)
제393조, 제394조, 제396조, 제399조의 규정은 불법행위로 인한 손해배상에 준용한다.

'준용'이라는 것은 이미 규정되어 있는 조문을 그대로 가져다가 쓴다는 의미이다. 민법 제763조에 따라, 제393조, 제394조, 제396조, 제399조의 규정은 불법행위로 인한 손해배상에 준용한다.

(2) 민법 제393조에 따른 손해배상의 범위

민법 제393조(손해배상의 범위)
① 채무불이행으로 인한 손해배상은 통상의 손해를 그 한도로 한다.
② 특별한 사정으로 인한 손해는 채무자가 그 사정을 알았거나 알 수 있었을 때에 한하여 배상의 책임이 있다.

즉, 민법 제763조에 따라 손해액에 대한 평가는 두 책임에서 동일하다. '통상의 손해'란, 사고가 발생하였을 경우에 통상적으로 당연히 예상되는 손해를 말한다. 예를 들어, 신체의 상해 치료비, 영업용 물건을 이용하여 영업을 계속하였더라면 얻을 수 있었던 이익, 철거 비용, 물건 자체의 손해 등을 말한다.

'특별손해'란, 통상적인 경우에는 발생하지 아니하나, 피해자에게만 추가된 특별한 사유로 인해 발생한 확대손해이다. 예를 들어, 연예인이 택시를 타고 가는 경우에 사고가 발생하게 된다면, 택시공제조합으로서는 통상적인 손해에 해당하는 연예인의 치료비, 일실수익, 위자료를 배상하여야 한다. 한편, 연예인이 당일에 10억 원의 광고 계약을 하러 가고 있었으나 동 사고로 계약을 못 하게 되는 손해는 특별손해이다.

(3) 민법 제394조에 의한 금전배상의 원칙

> **민법 제394조(손해배상의 방법)**
> 다른 의사표시가 없으면 손해는 금전으로 배상한다.

민법 제763조에 따라 즉, 채무불이행 책임이든, 불법행위 책임이든 금전으로 배상한다.

(4) 민법 제396조에 의한 과실상계

> **민법 제396조(과실상계)**
> 채무불이행에 관하여 채권자에게 과실이 있는 때에는 법원은 손해배상의 책임 및 그 금액을 정함에 이를 참작하여야 한다.

'과실상계'란 채권자(피해자)에게 과실이 있는 때에는 손해배상의 책임 및 그 금액을 정함에 있어서 이를 고려하여 손해배상금액을 감액하는 것을 말한다. 예를 들어, 행인이 가해 차량에 의해서 상해를 입었더라도, 사고 발생이 비 오는 날에 피해자가 행한 무단횡단으로 인하여 발생한 것이라면, 모든 손해를 가해 차량에게 부담하는 것은 부당하기 때문이다. 민법 제396조의 규정에서도 알 수 있듯이, 당사자의 주장이 없다고 하더라도 법원에서는 과실상계를 직권으로 인정할 수 있다.

한편, 피해자의 부주의를 이용하여 고의로 불법행위를 저지른 경우, 그 피해자의 부주의를 이유로 자신의 책임을 감하여 달라고 주장하는 것은 불가능하다. 다만, 이 경우에는 피보험자가 고의가 되기 때문에 보험 약관상으로는 면책이 될 것이다.

(5) 민법 제399조에 따른 손해배상자 대위

민법 제399조(손해배상자의 대위)

채권자가 그 채권의 목적인 물건 또는 권리의 가액 전부를 손해배상으로 받은 때에는 채무자는 그 물건 또는 권리에 관하여 당연히 채권자를 대위한다.

민법 제399조는 손해배상의 채권자가 그 채권의 목적인 물건 또는 권리의 가액 전부를 손해배상으로 받은 때에는 채무자는 그 물건 또는 권리에 관하여 당연히 채권자를 대위한다고 규정하고 있다. 따라서 채권자가 채권의 목적인 물건이나 권리의 가액 전부를 배상받은 때에는 그 물건이나 권리가 법률상 당연히 채권자로부터 채무자에게 이전되므로, 권리 이전에 필요한 양도행위나 기타 요건은 필요하지 않다. 예를 들면, 자전거 보관업자가 어느 고객의 자전거를 부주의로 도난을 당하거나, 시계포에서 수선을 의뢰받은 시계를 파손해서 그 가액을 전부 배상한 경우에는 고객이 가지고 있던 자전거나 시계의 소유권을 취득하는 경우를 말한다. 고객이 전부의 배상을 받으면서도 그 물건의 소유권을 가지는 것은 부당 이득이 되며 실손해 전보의 취지에 반하므로 이러한 제도가 마련되어 있다.

손해배상
[대법원 1977. 7. 12., 선고, 76다408, 판결]

【판시 사항】
배상자 대위는 양도 등의 절차가 필요 없는 법률상의 이전이다.

【판결 요지】
민법상 손해배상자 대위의 취지는 채권자가 채권의 목적이 되는 물건 또는 권리의 가격 전부를 손해배상으로 받아 그 만족을 얻었을 때에는 그 물건 또는 권리에 관한 권리는 법률상 당연히 채무자에게 이전되는 것이고 그에 관하여 채권자나 채무자의 양도 기타 어떤 특별한 행위를 필요로 하는 것이 아니다.

제4장

민법상 불법행위 책임

1. 입법목적 및 본질

　민법상 불법행위란, 고의 또는 과실로 위법하게 타인에게 손해를 가하는 행위로 가해자는 피해자에 대하여 그 손해를 배상할 책임이 발생한다. 즉, 민법상 불법행위는 손해배상청구권의 발생 원인이 된다. 민법상의 불법행위는 입법목적과 그 구성 형태 및 논리 구성, 나아가 구성요건형식에서 형사상 불법행위와는 차이가 있다.

　우선, 민법상의 불법행위는 그 행위를 통해 타인에게 발생한 손해를 전보하기 위해서 상대방에게 손해배상청구권을 부여하고자 하는 입법목적을 가지는 한편, 형사상 불법행위는 형법이 가지는 입법목적에 따라 처벌을 대상으로 하는 불법행위를 말한다. 이러한 입법목적의 차이 때문에 불법행위의 구성 형태 및 논리 구성에서 차이가 있게 된다.

　구체적으로, 민법상 불법행위는 포괄적 구성요건형식을 취하는 반면에, 형사상 불법행위는 개별적인 구성요건형식을 취하고 있다. 다시 말해, 민법상 불법행위의 구성요건은 민법 제750조의 '고의 또는 과실의 모든 행위'를 총망라하는 포괄적 단일규정 형식을 취하는 반면, 형사상 불법행위는 각 행위를 분류하여 구체적 개별규정 형식을 취하고 있다. 이러한 특징은 민법상 불법행위에 대해서는 법체계에 부합하는 유추해석이 요구되는 반면에, 형사상 불법행위에 대해서는 죄형법정주의의 원칙에 따라 유추해석이 금지된다는 형태로 나타난다. 이러한 행위의 포괄성이라는 민사상 불법행위의 성격상 차이를 이유로 모든 민사상의 불법행위는 형법상의 불법행위에 포함되지는 않는 반면, 모든 형사상의 불법행위 즉, 범죄행위는 민사상의 불법행위에 포함되게 된다.

요약하자면, 범죄행위는 행위자의 악성을 처벌하기 위한 목적을 가지고 구성된 형벌법상의 개념이고, 민법상의 불법행위는 손해 발생이라는 행위에서 야기되는 결과에 초점이 맞춰진 개념이다. 즉, 결과 발생의 유무에 초점이 맞춰진 것이 아니라 '행위의 악성'에 의해 그 처벌이 결정된다. 따라서 결과가 발생하지 않은 미수의 경우에도 원칙적으로 처벌됨을 알 수 있다. 반면에 민법상의 불법행위는 행위의 악성보다는 '결과 발생'에 초점을 맞춰 그 배상을 목적으로 함을 알 수 있다. 대표적으로 민법 제750조의 규정을 예로 들면 고의와 과실을 특별히 구별하지 않고 단지 손해라는 결과 발생이 결정적 기준이 되는 것이다. 따라서 결과가 발생하지 않은 미수행위는 민법상 손해배상에는 의미가 없는 행위가 되지만, 행위의 의도가 결여된 과실의 경우에 있어서도 결과가 발생하면 역시 배상의무가 발생한다.[5]

---

5 서봉석, "형사상 불법행위와 민사상 불법행위", 경북대학교 법학연구원, 『법학논고』 제33집, (2010).

2. 민법상 불법행위의 기본 개념 및 구성 체계

민법 제750조는 제390조와 마찬가지로 불법행위성립요건을 '고의 또는 과실로 인한 위법행위'라고 표현함으로써 수많은 불법행위의 유형에 탄력적으로 적용할 수 있는 일반규정의 형식으로 규정하고 있다.[6] 민법 제5장 불법행위편에서 규정하고 있는 17개의 조항(제750조~제766조)은 크게 다음과 같이 분류할 수 있다.

1) 일반불법행위

민법 제750조, 제735조, 제754조에서 그 요건과 효과를 정하고 있고 제761조에서 위법성 조각 사유를 규정하고 있다.

---

6   법제처, 손해배상 관련 심사기준 정립을 위한 입법례분석, (2008).

민법 제750조(불법행위의 내용)

고의 또는 과실로 인한 위법행위로 타인에게 손해를 가한 자는 그 손해를 배상할 책임이 있다.

민법 제753조(미성년자의 책임능력)

미성년자가 타인에게 손해를 가한 경우에 그 행위의 책임을 변식할 지능이 없는 때에는 배상의 책임이 없다.

민법 제754조(심신상실자의 책임능력)

심신상실 중에 타인에게 손해를 가한 자는 배상의 책임이 없다. 그러나 고의 또는 과실로 인하여 심신상실을 초래한 때에는 그러하지 아니하다.

민법 제761조(정당방위, 긴급피난)

① 타인의 불법행위에 대하여 자기 또는 제삼자의 이익을 방위하기 위하여 부득이 타인에게 손해를 가한 자는 배상할 책임이 없다. 그러나 피해자는 불법행위에 대하여 손해의 배상을 청구할 수 있다.

② 전 항의 규정은 급박한 위난을 피하기 위하여 부득이 타인에게 손해를 가한 경우에 준용한다.

2) 특수불법행위

민법 제755조에서부터 제760조는 피해자를 두텁게 보호하기 위하여 제750조에 대한 특칙으로서 사용자·도급인의 책임과 명예훼손 등 특수손해배상 책임에 규정하고 있다.

민법 제755조(감독자의 책임)

① 다른 자에게 손해를 가한 사람이 제753조 또는 제754조에 따라 책임이 없는 경우에는 그를 감독할 법정의무가 있는 자가 그 손해를 배상할 책임이 있다. 다만, 감독의무를 게을리하지 아니한 경우에는 그러하지 아니하다.

② 감독의무자를 갈음하여 제753조 또는 제754조에 따라 책임이 없는 사람을 감독하는 자도 제1항의 책임이 있다.

[전문개정 2011. 3. 7.]

민법 제756조(사용자의 배상 책임)

① 타인을 사용하여 어느 사무에 종사하게 한 자는 피용자가 그 사무집행에 관하여 제삼자에게 가한 손해를 배상할 책임이 있다. 그러나 사용자가 피용자의 선임 및 그 사무감독에 상당한 주의를 한 때 또는 상당한 주의를 하여도 손해가 있을 경우에는 그러하지 아니하다.

② 사용자에 갈음하여 그 사무를 감독하는 자도 전 항의 책임이 있다. 〈개정 2014. 12. 30.〉

③ 전 2항의 경우에 사용자 또는 감독자는 피용자에 대하여 구상권을 행사할 수 있다.

민법 제757조(도급인의 책임)

도급인은 수급인이 그 일에 관하여 제삼자에게 가한 손해를 배상할 책임이 없다. 그러나 도급 또는 지시에 관하여 도급인에게 중대한 과실이 있는 때에는 그러하지 아니하다.

민법 제758조(공작물 등의 점유자, 소유자의 책임)

① 공작물의 설치 또는 보존의 하자로 인하여 타인에게 손해를 가한 때에는 공작물점유자가 손해를 배상할 책임이 있다. 그러나 점유자가 손해의 방지에 필요한 주의를 해태하지 아니한 때에는 그 소유자가 손해를 배상할 책임이 있다.

② 전 항의 규정은 수목의 재식 또는 보존에 하자 있는 경우에 준용한다.

③ 전 2항의 경우에 점유자 또는 소유자는 그 손해의 원인에 대한 책임 있는 자에 대하여 구상권을 행사할 수 있다.

민법 제759조(동물의 점유자의 책임)

① 동물의 점유자는 그 동물이 타인에게 가한 손해를 배상할 책임이 있다. 그러나 동물의 종류와 성질에 따라 그 보관에 상당한 주의를 해태하지 아니한 때에는 그러하지 아니하다.

② 점유자에 갈음하여 동물을 보관한 자도 전 항의 책임이 있다. 〈개정 2014. 12. 30.〉

민법 제760조(공동불법행위자의 책임)

① 수인이 공동의 불법행위로 타인에게 손해를 가한 때에는 연대하여 그 손해를 배상할 책임이 있다.

② 공동 아닌 수인의 행위 중 어느 자의 행위가 그 손해를 가한 것인지를 알 수 없는 때에도 전 항과 같다.

③ 교사자나 방조자는 공동행위자로 본다.

3) 손해배상

민법 제751조, 제752조, 제762조부터 제766조는 불법행위의 효과로서 손해배상에 관하여 규정하고 있다.

민법 제751조(재산 이외의 손해의 배상)

① 타인의 신체, 자유 또는 명예를 해하거나 기타 정신상 고통을 가한 자는 재산 이외의 손해에 대하여도 배상할 책임이 있다.

② 법원은 전 항의 손해배상을 정기금채무로 지급할 것을 명할 수 있고 그 이행을 확보하기 위하여 상당한 담보의 제공을 명할 수 있다.

민법 제752조(생명침해로 인한 위자료)

타인의 생명을 해한 자는 피해자의 직계존속, 직계비속 및 배우자에 대하여는 재산상의 손해 없는 경우에도 손해배상의 책임이 있다.

민법 제762조(손해배상청구권에 있어서의 태아의 지위)

태아는 손해배상의 청구권에 관하여는 이미 출생한 것으로 본다.

민법 제763조(준용규정)

제393조, 제394조, 제396조, 제399조의 규정은 불법행위로 인한 손해배상에 준용한다.

민법 제764조(명예훼손의 경우의 특칙)

타인의 명예를 훼손한 자에 대하여는 법원은 피해자의 청구에 의하여 손해배상에 갈음하거나 손해배상과 함께 명예회복에 적당한 처분을 명할 수 있다.〈개정 2014. 12. 30.〉

[89헌마160 1991. 4. 1. 민법 제764조(1958. 2. 22. 법률 제471호)의 '명예회복에 적당한 처분'에 사죄광고를 포함시키는 것은 헌법에 위반된다.]

민법 제765조(배상액의 경감청구)

① 본 장의 규정에 의한 배상의무자는 그 손해가 고의 또는 중대한 과실에 의한 것이 아니고 그 배상으로 인하여 배상자의 생계에 중대한 영향을 미치게 될 경우에는 법원에 그 배상액의 경감을 청구할 수 있다.

② 법원은 전 항의 청구가 있는 때에는 채권자 및 채무자의 경제상태와 손해의 원인 등을 참작하여 배상액을 경감할 수 있다.

민법 제766조(손해배상청구권의 소멸시효)

① 불법행위로 인한 손해배상의 청구권은 피해자나 그 법정대리인이 그 손해 및 가해자를 안 날로부터 3년간 이를 행사하지 아니하면 시효로 인하여 소멸한다.

② 불법행위를 한 날로부터 10년을 경과한 때에도 전 항과 같다.

3. 불법행위제도의 기능

　불법행위제도의 주요 기능으로 ① 손해의 조정기능, ② 손해의 전보를 통해 피해자의 손해를 손해 발생 이전의 상태로 회복시켜주는 원상회복기능, ③ 위법행위의 발생을 방지하는 방어기능을 들 수 있다. 즉, 불법행위제도를 통해 개인이 가지는 행동의 자유와 사회의 안전을 조정한다.

제5장

일반불법행위 책임

1. 기본 개념 및 구성 체계

민법 제750조(불법행위의 내용)

고의 또는 과실로 인한 위법행위로 타인에게 손해를 가한 자는 그 손해를 배상할 책임이 있다.

민법상 불법행위의 구성요건은 수많은 불법행위의 유형에 탄력적으로 적용할 수 있도록 민법 제750조에 의해 '고의 또는 과실의 모든 행위'를 총망라하는 포괄적 단일규정 형식으로 규정하고 있다. 민법 제750조에 의한 책임을 '일반불법행책임'이라고 통칭한다. 일반불법행위와 구별되는 개념으로서 특수불법행위와 특별법에 의한 책임이 있다.

특수불법행위란 피해자를 보다 두텁게 보호하기 위하여 민법에서 정한 특칙을 말하며, 민법 제755조부터 제760조에서 이를 규정하고 있다. 특별법에 의한 책임으로는 자동차손해배상보장법, 국가배상법, 제조물책임법상의 책임 등이 있다. 이러한 특별법에 의한 책임은 특별법이 제정한 취지에 맞추어서 일반불법행위 법리에 의하여 피해자의 책임을 구제하기 어려운 사항에 대해 보다 쉽게 배상 책임이 인정될 수 있도록 규정하였다.

민법 제750조는 불법행위의 요건으로 고의 또는 과실, 위법행위, 손해 발생 및 인과관계를 규정하고 있다. 따라서 동 규정에 의하여 가해자의 일반불법행위 성립을 주장하는 자는 ① 가해자의 고의 또는 과실, ② 위법행위의 위법성, ③ 위법행위에 해당하는 행위, ④ 손해의 발생, ⑤ '위법행위로'에 해당하는 인과관계의 성립에 대하여 구체적인 사실관계를 입증하여야 한다. 일반불법행위는 과실책임주의를 그 기본 원칙으로 하고 있으므로, 손해배상 의무자는 자신의 고의 또는 과실로 인한 행위에 대해서만 책임을 지며, 타인의 행위에 대해서는 책임을 지지 않는 것이 원칙이다.

한편, 민법 제753조 및 제754조는 책임능력을 요건으로 하여 책임능력이 없는 자의 불법행위를 배제하는 방식으로 규정하고 있다.

민법 제753조(미성년자의 책임능력)

미성년자가 타인에게 손해를 가한 경우에 그 행위의 책임을 변식할 지능이 없는 때에는 배상의 책임이 없다.

민법 제754조(심신상실자의 책임능력)

심신상실 중에 타인에게 손해를 가한 자는 배상의 책임이 없다. 그러나 고의 또는 과실로 인하여 심신상실을 초래한 때에는 그러하지 아니하다.

2. 가해자의 자신의 행위

1) 의의

과실책임의 원칙에 따라 가해자 자신의 행위여야 하는데, 이 경우 가해자가 직접 가해행위를 하는 경우만을 의미하는 것은 아니고 타인의 행위를 통해서 그것이 가해자 자신의 행위로 되는 경우를 포함한다.

예를 들면, 일정한 경우에 친권자는 민법 제755조에 따라 책임능력이 없는 자녀의 행위에 대하여 불법행위 책임을 부담한다. 그러나 이는 타인의 행위에 대한 책임을 지는 것이 아니고 그 자녀에 대한 감독의무를 게을리한 것으로 친권자 자신의 과실에 기한 책임이라는 점에서 제750조에 의한 일반불법행위가 성립하는 것이다.

> **제755조(감독자의 책임)**
> ① 다른 자에게 손해를 가한 사람이 제753조 또는 제754조에 따라 책임이 없는 경우에는 그를 감독할 법정의무가 있는 자가 그 손해를 배상할 책임이 있다. 다만, 감독의무를 게을리하지 아니한 경우에는 그러하지 아니하다.

② 감독의무자를 갈음하여 제753조 또는 제754조에 따라 책임이 없는 사람을 감독하는 자도 제1항의 책임이 있다.

[전문개정 2011. 3. 7.]

2) 사례 연구

중사 갑(甲)은 소속대의 부하인 을(乙)이 그 상관인 하사 병(丙)을 구타하였다는 이유로 위 망인을 꿇리고 주의를 주면서 망인의 배와 가슴 등을 손으로 10회 정도 때리고 있었다. 한편, 위의 하사 병(丙)은 자기의 하급자인 을(乙)로부터 구타당한데 대하여 분한 마음을 가지고 있었다.

때마침 을(乙)이 위와 같이 징계를 받고 있는 것을 기회로 삼아 여기에 뛰어들어서 군화를 신은 채로 을(乙)의 머리, 배 목 등을 약 5회가량 차고, 다시 을(乙)을 내무반에서 밖으로 불러내서 얼굴을 때렸다.

이에, 을(乙)이 도망을 가자 하사 병(丙)은 쫓아가서 붙들고 또한 손으로 얼굴 등을 때렸고, 이러한 상황 속에서, 중사 갑(甲)은 별다른 제지 없이 방치하였다. 그 결과 을(乙)은 흉부타박상, 뇌혈관파열상을 입고 사망하였다.

사망한 을(乙)의 부모는 이에 중사 갑(甲)과 하사 병(丙)을 상대로 불법행위에 의한 손해배상을 청구하였다.

【검토 사항】

■ 위 사안에서, 손해배상의 책임을 가지는 자는 누구인가? 중사 갑(甲)의 책임인가?, 하사 병(丙)의 책임인가?, 아니면 중사 갑(甲)과 하사 병(丙), 두 사람의 책임인가?

■ 적극적으로 행동을 취하지 않는 경우(부작위)에도 '가해행위'가 되어 불법행위가 될 수 있는가?

【판례 분석】

이 사건은 부작위의 경우에도 가해행위가 성립할 수 있음을 잘 보여주고 있다. 아래의 대법원판결이 명시하고 있듯이 가해행위는 작위와 부작위를 모두 포함할 수 있다. 그러나 부작위로 인한 불법행위가 성립되기 위해서는 그 전제조건으로서 '작위의무(作爲義務)'가 존재하여야 함에 주목할 필요가 있다.

'작위의무'란 해야 할 의무라는 개념으로 단순한 도덕상 또는 종교상의 의무가 아닌 법적인 의무를 의미한다. 작위의무가 객관적으로 인정된다면 부주의 또는 착오 등으로 의무자가 그 의무의 존재를 인식하지 못하였더라도 불법행위의 성립에는 영향이 없다.

손해배상
[대법원 1968. 1. 23., 선고, 67다2609, 제1부 판결]

【판시 사항】
군인 신분의 상급자가 징계권을 행사하는데 그 하급자가 중간에 이것을 가로막아 폭력을 가하고 있음을 방치한 것을 부작위로 인한 가해행위라고 인정한 실례.

【판결 요지】
군인 신분의 상급자가 징벌권을 행사하는데 그 하급자가 중간에 이것을 가로막아 폭력을 가하고 있음을 보았을 때는 의당 이것을 적극적으로 제지하여야 할 의무가 있다 할 것이므로 이러한 거조에 이르지 아니한 것은 부작위로 인한 가해행위라 할 것이다.

【이유】

[…] 특히 위의 소외 1은 가해자인 소외 2나 피해자인 망 소외인들의 공통된 상급자이므로 자기가 먼저 징계권을 행사하는데 하급자가 중간에 이것을 가로막아 위법인 폭력을 가하고 있음을 보았을 때는 의당 이것을 적극적으로(말로만 그칠 것이 아니라 그 밖의 갖은 방법을 동원하여) 제지하여야 할 의무가 있다 할 것이다. 소외 1이 이러한 거조에 이르지 아니한 것은 과실의 범주를 넘어서서 오히려 부작위로 인한 고의에 가까운 가해행위라고 보아야 할 것이다. 따라서 위의 소외 2가 망인을 구타할 때 소외 1이 그만두라고 명령한 사실이 있고 없는지를 원심이 알아보지 아니하였다 하여 위법일 것은 없다. 필경 위의 소외 1의 본 건 행위(작위, 부작위)와 망 소외인의 사망과의 사이에는 인과관계가 있다 할 것이요, 따라서 국가는 이로 인한 손해를 배상할 책임이 있다고 보아야 한다. 그렇다면, 이 상고는 그 이유 없는 것이 된다. 관여 법관들의 일치한 의견으로 이 상고를 기각하기로 하고, 상고 비용은 패소자의 부담으로 한다.

손해배상(기)
[대법원 2012. 4. 26., 선고, 2010다8709, 판결]

【판시 사항】

[1] 고지의무를 위반한 당사자가 부주의 또는 착오 등으로 고지의무의 존재를 인식하지 못한 경우, 위법성이 부정되는지 여부(소극) […]

【판결 요지】

[1] 부작위로 인한 불법행위가 성립하려면 작위의무가 전제되어야 하지만, 작위의무가 객관적으로 인정되는 이상 의무자가 의무의 존재를 인식하지 못하였더라도 불법행위 성립에는 영향이 없다. 이는 고지의무 위반에 의하여 불법행위가 성립하는 경우에도 마찬가지이므로 당사자의 부주의 또는 착오 등으로 고지의무가 있다는 것을 인식하지 못하였다고 하여 위법성이 부정될 수 있는 것은 아니다.

【이유】

1. 시행대행사의 고지의무 위반 여부에 관하여

가. 부작위로 인한 불법행위가 성립하려면 작위의무가 전제되어야 하지만, 작위의무가 객관적으로 인정되는 이상 의무자가 그 의무의 존재를 인식하지 못하였더라도 불법행위의 성립에는 영향이 없다. 이는 고지의무 위반에 의하여 불법행위가 성립하는 경우에도 마찬가지이므로 당사자의 부주의 또는 착오 등으로 고지의무가 있다는 것을 인식하지 못하였다고 하여 위법성이 부정될 수 있는 것은 아니다.

3. 고의 또는 과실

1) 고의 및 미필적 고의

고의란 가해자가 자신의 행위로 인하여 타인에게 일정한 결과, 즉 손해가 발생하리라는 것을 알면서도 감히 이를 행하는 심리상태를 말한다. 다시 말해, 고의는 구성요건요소에 해당하는 사실(주체, 객체, 결과, 인과관계)을 인식하고 그 내용을 실현하려는 의사를 의미한다.

즉, 고의는 '인식'이라는 '지적 요소'와 '실현 의사'라는 '의지적인 요소'로 구성되며 이를 도식화하면 '고의=어떤 사실에 대한 인식+그러한 사실에 대한 진지한 의욕'으로 정리할 수 있을 것이다. 예를 들면, "내가 칼로 저 사람을 찌르면 죽는다."라는 사실을 '인식'하고 이렇게 인식된 사실의 결과를 발생하고자 하는 '의욕 또는 의지'를 가졌을 때 "살인의 고의가 있다."라고 표현할 수 있게 된다. 판례는 이를 '확정적 고의'로 표현한다.

모든 보험은 고의 사고는 면책으로 규정하고 있는데, 이는 고의 사고를 보상하게 되면 사회적인 위법행위를 조장하는 결과를 초래하기 때문이다. 이와 관련하여, 실무에서는 피보험자가 고의에 의한 배상 책임을 부담하는 경우에 있어 고의에 의한 면책이 문제가 된다.

대법원은 미필적 고의의 경우에도 보험 약관에서 면책으로 인정하고 있는 고의에 해당한다고 판시하고 있으므로 실무자 입장에서는 항상 피보험자의 행위가 미필적 고의에 해당하는지 살펴보는 것이 중요하다. 그러나 심리적이고 주관적인 요소인 고의에 대한 입증은 이와 관련된 직접 사실이 있는 경우가 드물기 때문에, 고의와 상당한 관련성이 있는 간접 사실을 증명하는 방식에 의할 수밖에 없다는 것이 판례의 입장이다.

특정경제범죄가중처벌등에관한법률위반
[대법원 1988. 11. 22., 선고, 88도1523, 판결]

【판시 사항】

[…] 나. 업무상배임죄의 고의의 입증방법

【판결 요지】

나. 업무상배임죄의 고의는 업무상 타인의 사무를 처리하는 자가 본인에게 재산상의 손해를 가한다는 의사와 자기 또는 제삼자의 재산상의 이득의 의사가 임무에 위배된다는 인식과 결합되어 성립되는 것이며, 이와 같은 업무상배임죄의 주관적 요소로 되는 사실(고의, 동기 등의 내심적 사실)은 피고인이 본인의 이익을 위하여 문제가 된 행위를 하였다고 주장하면서 범의를 부인하고 있는 경우에는 사물의 성질상 고의와 상당한 관련성이 있는 간접 사실을 증명하는 방법에 의하여 입증할 수밖에 없고, 무엇이 상당한 관련성이 있는 간접사실에 해당할 것인가는 정상적인 경험칙에 바탕을 두고 치밀한 관찰력이나 분석력에 의하여 사실의 연결상태를 합리적으로 판단하는 방법에 의하여야 한다.

민사법 영역에서는 형사처벌을 받는 고의범죄에서 요구되는 정도와 같은 고의를 처벌하는 것은 아니나, 적어도 미필적 고의에 해당하는

행위는 있어야 한다고 본다.

미필적 고의란, 자기의 행위로 인하여 어떤 범죄 결과의 발생 가능성을 인식하였음에도 불구하고 그 결과의 발생을 인용한 심리상태를 말한다. 예를 들면, 보험금을 탈 목적으로 밤에 자기의 집에 방화를 하는 때에 혹시라도 옆집까지 연소하게 되면 잠자던 사람이 타 죽을지도 모른다고 예견하면서도, 타 죽어도 할 수 없다고 생각하고 방화를 한 경우이다.

이때, 옆집과 이웃 주민에 대해 방화 및 살인의 고의가 있다고 확정하기는 어려울 것이다. 즉, 미필적 고의는 '필연적인 결과를 낳지 않는 고의'로서 고의의 구성요소인 '인식'과 '의지 또는 의욕'의 결합 관계가 고의와 과실의 경계선에 위치하는 중간적 개념이다.

미필적 고의의 도입 배경은 고의가 외부적으로 표출되기 힘들고 이에 대한 입증도 어려운 점에 기인한다. 즉, '고의'와 '과실'의 중간 영역을 설정함으로써 고의책임과 과실책임 판단오류를 축소함에 그 목적이 있다고 할 것이다. 더불어 주관적 요소를 세분화함으로써 불법에 상응한 적정한 형사책임도 물을 수 있게 된다.

공제금
[대법원 1991. 3. 8., 선고, 90다16771, 판결]

【판시 사항】
가. 전국화물자동차운송사업조합연합회 공제조합의 통합공제약관이 '조합원 또는 자동차에 관계되는 피용자의 고의로 인한 손해'에 대하여는 보상하지 아니한다고 규정하고 있는 경우 위 공제 약관상의 고의에 미필적 고의가 포함되는지 여부

가. 전국화물자동차운송사업조합연합회 공제조합의 통합공제약관은 '조합원 또는 자동차에 관계되는 피용자의 고의로 인한 손해'에 대하여는 보상하지 아니한다고 규정하고 있는바, 자동차 사고로 인한 손해배상 책임을 전보하는 것을 내용으로 하는 위 공제조합의 공제계약은 일종의 책임보험과 같은 성질의 것으로서 책임보험은 피보험자의 법적 책임 부담을 보험 사고로 하는 손해보험이고, 보험 사고의 대상인 법적 책임은 불법행위 책임이므로 이 경우에 어떠한 것이 보험 사고인가는 기본적으로는 불법행위의 법리에 따라 정하여야 할 것인데, 불법행위 법리에 있어서는 미필적 고의도 고의의 한 태양으로 보므로 특별한 사정이 없는 한 위 공제약관상의 고의에는 미필적 고의를 포함하는 것으로 해석할 것이다.

한편, 일정한 결과 발생을 인식하면서 자기의 능력이나 기술로 이를 피할 수 있다고 믿는 경우는 미필적 고의가 아닌 '인식 있는 과실'이라고 한다. 이에 대해서는 아래의 3) 과실편에서 자세히 살펴보겠다.

2) 과실 및 인식 있는 과실

과실이란, 일정한 결과가 발생한다는 것을 알고 있어야 함에도 불구하고 부주의, 즉 주의의무를 게을리하여 그것을 알지 못하고 어떠한 행위를 하는 심리상태를 의미한다. 다시 말해, 주의의무 위반이다.

과실의 판단 기준은 예견 가능성과 회피 가능성이다. 예견 가능성이란, 행위자의 입장에서 손해 발생의 결과를 예측하는 것이 가능한가의 여부이며, 회피 가능성이란 이와 같이 특정 행위를 예측하였다면, 손해 발생을 방지할 수 있었는가를 판단하는 것이다.

고의와 과실의 구분은 형법학에서는 큰 의미를 가지고 있으나, 민법학에서는 상대적으로 중요성이 축소된다고 할 것이다. 민법에서는 발생된 손해, 즉 결과의 발생 여부가 관건이며 고의와 과실의 구분이 크게 의미를 가지지 않기 때문이다.

형법에서는 고의로 한 모든 행동에 대해 처벌하며 과실인 경우에는 예외적으로 처벌하고 있다. 예를 들면, 일부러 남의 물건을 깨뜨린 경우에는 손괴죄가 되고, 실수로 남의 물건을 깨뜨린 경우에는 과실손괴죄가 되는데, 과실손괴죄는 이를 처벌하는 형법상 규정이 존재하지 않는다.

과실은 세부적으로는 추상적인 과실과 구체적인 과실로 구분할 수 있겠으나, 손해배상 책임의 영역에서 문제가 되는 것은 추상적인 과실이다. 즉, 구체적인 사정에서 일반인, 평균인에게 추상적으로 요구되는 수준의 주의의무를 기대하고, 이에 대한 위반이 있었는지를 검토한다. 여기에는 직접, 지위, 사건의 환경, 위험의 크기 및 피침해 이익의 크기가 고려된다. 판례 역시 추상적 과실로서 사회 평균인으로서의 주의의무를 위반한 것을 과실이라고 보고 있으며, 민법 제374조 및 제681조에서 규정하고 있는 '선량한 관리자의 주의의무'의 위반이 추상적 과실에 해당한다.

한편, 고의와 과실의 구별에 있어 '미필적 고의'와 '인식 있는 과실'의 구별이 문제가 된다. 앞서 살펴본 '미필적 고의'는 행위자가 객관적 구성요건 실현의 가능성을 '예견'하고 행위하는 경우, 즉, 의지적 요소가 가장 약화된 형태의 고의로서 인식하였으나 용인한 경우를 의미한다.

한편, '인식 있는 과실'은 구성요건적 결과 발생이 가능하다고 생각(인식)하였지만, 법익침해를 내적으로 거부하거나 결과의 불발생을 희망하는 경우, 즉 인식은 하였으나 용인하지 않은 경우를 말한다.

여기에서 용인이란 결과 발생을 내심으로 승낙하고 이를 기꺼이 받아들이는 정서적 태도 또는 결과 발생을 목표로 의욕한 것은 아니지만 부수 결과로 동의하는 것을 의미한다. 일상적인 언어로 표현한다면, '미필적 고의'는 행위자가 "그럴 수 있을 거야. 그러나 어떻게 되어도 좋아."라고 말하는 경우에 해당한다고 할 것이며, '인식 있는 과실'은 행위자가 "그럴지도 모르지. 그러나 설마 그러겠어?"라고 하는 경우에 해당한다고 할 것이다.

'미필적 고의'와 '인식 있는 과실'의 판단은 당사자의 주장만으로 판단하는 것이 아니라 행위 당시의 모든 사정과 정황을 객관적으로 판단한다. 특히, 미필적 고의와 인식 있는 과실의 구별은 형법상 고의범으로 처벌되는가, 과실범으로 처벌되는가와 관련하여 더욱 중요한 의미가 있다고 할 것이다.

증거인멸·산업안전보건법위반
[대법원 2004. 5. 14., 선고, 2004도74, 판결]

【판시 사항】

[1] 미필적 고의의 요건 및 그 존재 여부의 판단 방법 […]

【판결 요지】

[1] 범죄구성요건의 주관적 요소로서 미필적 고의라 함은 범죄사실의 발생 가능성을 불확실한 것으로 표상하면서 이를 용인하고 있는 경우를 말하고, 미필적 고의가 있었다고 하려면 범죄사실의 발생 가능성에 대한 인식이 있음은 물론 나아가 범죄사실이 발생할 위험을 용인하는 내심의 의사가 있어야 하며, 그 행위자가 범죄사실이 발생할 가능성을 용인하고 있었는지의 여부는 행위자의 진술에 의존하지 아니하고 외부에 나타난 행위의 형태와 행위의 상황 등 구체적인 사정을 기초로 하여 일반인이라면 당해 범죄사실이 발생할 가능성을 어떻게 평가할 것인가를 고려하면서 행위자의 입장에서 그 심리상태를 추인하여야 하고, 이와 같은 경우에도 공소가 제기된 범죄사실의 주관적 요소인 미필적 고의의 존재에 대한 입증책임은 검사에게 있는 것이며, 한편, 유죄의 인정은 법관으로 하여금 합리적인 의심을 할 여지가 없을 정도로 공소사실이 진실한 것이라는 확신을 가지게 하는 증명력을 가진 증거에 의하여야 하므로, 그와 같은 증거가 없다면 설령 피고인에게 유죄의 의심이 간다고 하더라도 피고인의 이익으로 판단할 수밖에 없다.

3) 고의 또는 과실의 입증 책임

고의 또는 과실은 불법행위의 적극적 성립요건이므로 권리를 주장하는 피해자가 이를 입증하여야 하는 것이 원칙이다. 그러나 예외적으로 가해자가 자기에게 고의 또는 과실이 없음을 입증하여야 책임을 면하는 경우가 있는데 이를 입증 책임의 전환이라고 한다. 이러한 입증 책임의 전환은 민법상 특수불법행위 또는 특별법에서 규정하고 있다.

민법 제755조(감독자의 책임)

① 다른 자에게 손해를 가한 사람이 제753조 또는 제754조에 따라 책임이 없는 경우에는 그를 감독할 법정의무가 있는 자가 그 손해를 배상할 책임이 있다. 다만, 감독의무를 게을리하지 아니한 경우에는 그러하지 아니하다.

② 감독의무자를 갈음하여 제753조 또는 제754조에 따라 책임이 없는 사람을 감독하는 자도 제1항의 책임이 있다.

[전문개정 2011. 3. 7.]

민법 제756조(사용자의 배상 책임)

① 타인을 사용하여 어느 사무에 종사하게 한 자는 피용자가 그 사무집행에 관하여 제삼자에게 가한 손해를 배상할 책임이 있다. 그러나 사용자가 피용자의 선임 및 그 사무감독에 상당한 주의를 한 때 또는 상당한 주의를 하여도 손해가 있을 경우에는 그러하지 아니하다.

② 사용자에 갈음하여 그 사무를 감독하는 자도 전 항의 책임이 있다. 〈개정 2014. 12. 30.〉

③ 전 2항의 경우에 사용자 또는 감독자는 피용자에 대하여 구상권을 행사할 수 있다.

민법 제758조(공작물 등의 점유자, 소유자의 책임)

① 공작물의 설치 또는 보존의 하자로 인하여 타인에게 손해를 가한 때에는 공작물점유자가 손해를 배상할 책임이 있다. 그러나 점유자가 손해의 방지에 필요한 주의를 해태하지 아니한 때에는 그 소유자가 손해를 배상할 책임이 있다.

② 전 항의 규정은 수목의 재식 또는 보존에 하자 있는 경우에 준용한다.

③ 전 2항의 경우에 점유자 또는 소유자는 그 손해의 원인에 대한 책임 있는 자에 대하여 구상권을 행사할 수 있다.

민법 제759조(동물의 점유자의 책임)

① 동물의 점유자는 그 동물이 타인에게 가한 손해를 배상할 책임이 있다. 그러나 동물의 종류와 성질에 따라 그 보관에 상당한 주의를 해태하지 아니한 때에는 그러하지 아니하다.

② 점유자에 갈음하여 동물을 보관한 자도 전 항의 책임이 있다. 〈개정 2014. 12. 30.〉

즉, 책임무능력자의 감독자책임(민법 제755조), 사용자의 배상 책임(민법 제756조), 공작물의 점유자의 책임(민법 제758조), 동물의 점유자의 책임(민법 제759조)에서는 각각 감독자, 사용자, 점유자의 과실이 추정된다. 따라서 이들이 책임을 면하기 위해서는 자신에게 과실이 없었음을 입증하여야 한다. 그러나 발생한 손해가 자신의 과실에 기인한 것이 아니라는 것을 입증하는 것은 실질적으로 쉬운 문제가 아니고 입증을 하지 못하게 되면 책임을 지게 된다는 점에서 실제로는 무과실책임에 가깝다고 할 수 있다. 이를 중간책임이라고 한다.

4) 고의 사고와 보험

모든 보험은 고의 사고는 면책으로 규정하고 있다. 고의 사고를 보상하게 되면 사회적인 위법행위를 조장하는 결과를 초래하기 때문이다. 따라서 실무에서는 피보험자에 대해 '고의에 의한 면책 여부'를 확인하는 것이 중요하다.

대법원은 미필적 고의의 경우에도 보험 약관에서 면책으로 인정하고 있는 고의에 해당한다고 판시하고 있어 실무자 입장에서는 항상 피보험자의 행위가 미필적 고의에 해당하는지 살펴보아야 한다. 심리적이고 주관적인 요소인 고의에 대한 입증에 대해서는 이와 관련된 직접 사실이 있는 경우가 드물기 때문에 고의와 상당한 관련성이 있는 간접 사실을 증명하는 방식에 의할 수밖에 없다는 것이 판례의 입장이다.

특정경제범죄가중처벌등에관한법률위반
[대법원 1988. 11. 22., 선고, 88도1523, 판결]

【판시 사항】
나. 업무상배임죄의 고의의 입증방법

【판결 요지】
나. 업무상배임죄의 고의는 업무상 타인의 사무를 처리하는 자가 본인에게 재산상의 손해를 가한다는 의사와 자기 또는 제삼자의 재산상의 이득의 의사가 임무에 위배된다는 인식과 결합되어 성립되는 것이며, 이와 같은 업무상배임죄의 주관적 요소로 되는 사실(고의, 동기 등의 내심적 사실)은 피고인이 본인의 이익을 위하여 문제가 된 행위를 하였다고 주장하면서 범의를 부인하고 있는 경우에는 사물의 성질상 고의와 상당한 관련성이 있는 간접 사실을 증명하는 방법에 의하여 입증할 수밖에 없고, 무엇이 상당한 관련성이 있는 간접사실에 해당할 것인가는 정상적인 경험칙에 바탕을 두고 치밀한 관찰력이나 분석력에 의하여 사실의 연결상태를 합리적으로 판단하는 방법에 의하여야 한다.

---

4. 책임능력

1) 의의

민법 제753조(미성년자의 책임능력)

미성년자가 타인에게 손해를 가한 경우에 그 행위의 책임을 변식할 지능이 없는 때에는 배상의 책임이 없다.

민법 제754조(심신상실자의 책임능력)

심신상실 중에 타인에게 손해를 가한 자는 배상의 책임이 없다. 그러나 고의 또는 과실로 인하여 심신상실을 초래한 때에는 그러하지 아니하다.

제755조(감독자의 책임)

① 다른 자에게 손해를 가한 사람이 제753조 또는 제754조에 따라 책임이 없는 경우에는 그를 감독할 법정의무가 있는 자가 그 손해를 배상할 책임이 있다. 다만, 감독의무를 게을리하지 아니한 경우에는 그러하지 아니하다.

② 감독의무자를 갈음하여 제753조 또는 제754조에 따라 책임이 없는 사람을 감독하는 자도 제1항의 책임이 있다.

[전문개정 2011. 3. 7.]

책임능력이란 자신의 행위에 대한 책임을 인식할 수 있는 정신 능력을 의미한다. 즉, 자신의 행위가 위법한 것이어서 어떠한 법률상의 책임이 발생할 수 있다는 것을 인식할 수 있는 지능을 말한다. 책임능력은 불법행위에서 고의 또는 과실을 인정하기 위한 전제로서 책임능력이 없는 경우에는 고의 또는 과실도 인정할 수 없어 불법행위는 성립하지 아니한다.

민법은 불법행위의 성립요건으로서 책임능력을 소극적으로 규정하고 있다. 다시 말해, 민법 제753조 및 제754조에서 책임능력이 없는 자의 행위에 대하여 불법행위 책임을 인정하고 있지 않음을 규정함으로써 이를 근거로 책임능력이 불법행위의 요건 중 하나라는 것을 보여주고 있다.

책임능력이 없으면 불법행위 책임이 없으므로 행위의 의사능력을 불법행위 측면에서 평가하여 불법행위능력 또는 책임변식능력이라고도 한다.

2) 미성년자의 책임능력

민법 제753조에 따르면 책임능력이 없는 미성년자는 불법행위 책임을 지지 않는다. 그러나 미성년자라 할지라도 책임능력이 있는 경우에는 책임을 지게 되는 것으로 해석한다. 즉, 민법 제753조 본문 내에 있는 '그 행위의 책임을 변식할 지능'이 책임능력의 여부를 판단하는 기준이 되는데, 판례는 대개 12세 내지 14세 정도이면 책임능력이 있다고 보고 있다. 그러나 이는 고정적인 것이 아니며 미성년자가 책임능력을 갖추게 되는 획일적인 연령 등의 기준은 없다. 따라서 행위의 내용이나 책임의 경중 등을 고려하여 개별적인 행위에 대해서 판단할 수밖에 없다.

판례의 이러한 일정하지 못한 태도는 미성년자의 책임능력을 부인하고 민법 제755조에 따라 그 감독의무자에게 책임을 지우도록 하는 것이 현실적으로 피해자에게 유리할 수 있다는 사정을 고려한 것으로 보는 견해도 있다. 즉, 자력이 없는 미성년자 대신에 감독의무자에게 배상을 받도록 하기 위해서는 행위자의 책임능력을 부인할 필요가 있기 때문이다.

한편, 책임 있는 미성년자 행위에 대한 감독자 책임의 법적 근거에 대해서는 ① 제755조 책임설, ② 제750조 책임설, ③ 신원보증인책임설로 대립한다. 책임능력이 있는 미성년자의 행위에 대해서도 배상능력 등의 이유로 감독자에게 손해배상 책임을 부담시킬 필요성이 있는데, 그 근거를 과연 무엇으로 볼 것인지에 따라 각 학설의 입장이 다르다.

'제755조 책임설'의 경우, 피해자를 두텁게 보호하기 위해 책임능력이 있는 미성년자의 행위라도 제755조를 적용하여야 한다는 견해이다. 입증 책임도 여전히 감독자에게 있다. '제750조 책임설'은 제755조는 책임능력이 없는 경우의 문제이므로 이를 적용할 수는 없고, 제750조의 일반원칙에 따라 감독자는 자신의 감독상 과실에 대한 손해배상 책임을 부담한다는 입장이다. 우리나라 판례는 제750조 책임설을 취하고 있다. 이 경우, 입증 책임은 일반원칙에 따라 피해자가 입증한다. '신원보증인책임설'의 경우, 미성년자의 잘못에 대해 친권자가 책임을 지는 것이 우리의 법 감정이라는 점에서 민법 제913조의 친권자의 보호, 감독 의무의 법적 근거에 따라 친권자의 경우에는 신원보증인과 같이 자녀의 불법행위에 대해 가해자와 연대하여 배상 책임을 져야 한다는 견해이다.

3) 심신상실자의 책임능력

'심신상실'이란 판단능력이나 행위의 책임을 변식할 능력이 없는 것을 의미한다. 가해자의 가해행위 당시에 심신상실 상태에 빠졌으면 충분하고, 심신상실의 상시 상태에 있었을 필요는 없다. 심신상실의 여부는 불법행위 당시를 기준으로 개별적으로 판단한다.

그러나 민법 제754조 단서 조항에 따라 가해자의 고의 또는 과실로 심신상실 상태를 초래한 때에는 불법행위 책임을 면하지 못한다. 여기에서 고의 또는 과실은 심신상실을 초래하는 것에 관련된 것이고 가해행위를 하는 것에 대한 고의 또는 과실이 아님을 주의하여야 한다.

4) 입증 책임

일반인에게는 책임능력이 갖추어져 있는 것이 보통이고, 책임능력은 면책요건이므로 피해자가 가해자의 책임능력을 입증할 필요는 없다. 즉, 가해자가 그 책임을 면하기 위해서는 자신이 책임무능력자라는 사실을 입증하여야 한다.

5. 위법성

1) 의의

'위법'이란 인간의 행위가 법질서에 반하여 허용되지 않는 것을 의미하며 이는 가치판단의 문제로서 실정법이나 공서양속의 위반을 말한다.

2) 위법성의 판단 기준

실정법을 기준으로 판단한다는 형식적 위법론과 실정법과 선량한 풍속 기타 사회질서를 기준으로 하여 객관적·실질적으로 판단하여야 한다는 실질적 위법론이 있다. 실질적 위법론이 통설로, 이 견해는 위법을 실정법 이전의 문제로 보아 실정법 이외에 선량한 풍속 중 사회규범을 위법성 평가의 기준으로 보고 있다. 판례는 가해행위의 위법성 여부는 침해행위의 태양과 침해된 법익의 성질을 상관적으로 검토하여 개별적으로 정한다고 한다.

3) 위법성 조각

위법성 조각이란 타인의 법익을 침해하는 가해행위가 있는 경우에
보통은 위법한 것이 되지만, 정당한(특수한) 사유가 있다면 위법성이 부
인되는 것을 말한다. 민법은 인정되는 위법성 조각 사유로서 정당방위

(민법 제761조 제1항)와 긴급피난(민법 제761조 제2항)을 규정하고 있다. 그 밖에 해석상 위법성 조각 사유로 인정되는 것으로서 자력구제, 피해자의 승낙, 정당행위 등이 있다.

(1) 정당방위

타인의 불법행위에 대하여 자기 또는 제삼자의 이익을 방위하기 위하여 부득이하게 타인에게 손해를 가한 경우에, 그 손해를 가한 자는 배상할 책임이 없다. 즉, 정당방위에 의한 행위는 위법성이 없어 불법행위가 성립하지 않게 되어 손해배상 책임이 발생하지 않게 되는 것이다. 한편, 제761조 제1항 단서조항에 따라 방위행위로 인하여 제삼자가 손해를 입은 경우, 제삼자는 방위행위의 원인을 제공한 불법행위자에 대하여 그 배상을 청구할 수 있다. 다만, 이때에도 원인을 제공한 불법행위자에게 고의 또는 과실 및 책임능력이 있어야 한다고 보는 것이 통설이다.

(2) 긴급피난

긴급피난이란 자기나 제삼자에 대한 급박한 위난을 피하기 위하여 부득이하게 타인에게 손해를 가하는 행위이다. 긴급피난에 의한 가해행위도 위법성이 없으므로 불법행위는 성립하지 아니한다. 한편, 정당방위는 위법한 침해에 대한 방위인 데 반하여 긴급피난은 위법하지 않은 침해에 대한 피난인 점에서 차이가 있다.

(3) 피해자의 승낙

가해행위를 하기 전에 피해자가 자유의사로 미리 가해의 승낙을 한 경우에도 위법성이 조각된다. 다만, 가해행위가 승낙의 범위를 초과하여서는 아니 된다.

(4) 자력구제

자력구제는 청구권을 보전하기 위하여 국가기관의 구제를 기다릴 여유가 없는 경우에 권리자 스스로 구제하는 행위이다. 정당방위는 현재의 침해에 대한 방위행위이고, 긴급피난은 현재의 침해에 대한 피난행위인 데 반하여, 자력구제는 주로 과거의 침해에 대한 회복이라는 점에서 차이가 있다.

(5) 정당행위

정당행위란 타인의 법익을 침해하더라도 법률에 의하여 허용되거나 사회적 타당성으로 인하여 위법성이 조각되는 것을 말한다.

폭력행위등처벌에관한법률위반
[대법원 2000. 3. 10,, 선고, 99도4273, 판결]

【판시 사항】

[1] 형법 제20조 소정의 정당행위의 성립 요건

[2] 형법 제20조 소정의 정당행위에 해당한다고 본 사례

【판결 요지】

[1] 어떠한 행위가 위법성 조각 사유로서의 정당행위가 되는지의 여부는 구체적인 경우에 따라 합목적적, 합리적으로 가려야 하는바, 정당행위로 인정되려면 첫째, 행위의 동기나 목적의 정당성, 둘째, 행위의 수단이나 방법의 상당성, 셋째, 보호법익과 침해법익의 권형성, 넷째, 긴급성, 다섯째, 그 행위 이외의 다른 수단이나 방법이 없다는 보충성의 요건을 모두 갖추어야 한다.

[2] 피해자가 피고인의 고소로 조사받는 것을 따지기 위하여 야간에 피고인의 집에 침입한 상태에서 문을 닫으려는 피고인과 열려는 피해자 사이의 실랑이가 계속되는 과정에서 문짝이 떨어져 그 앞에 있던 피해자가 넘어져 2주간의 치료를 요하는 요추부염좌 및 우측 제4수지 타박상의 각 상해를 입게 된 경우, 피고인의 가해행위가 이루어진 시간 및 장소, 경위와 동기, 방법과 강도 및 피고인의 의사와 목적 등에 비추어 볼 때, 사회통념상 허용될 만한 정도를 넘어서는 위법성이 있는 행위라고 보기는 어려우므로 정당행위에 해당한다고 본 사례

6. 손해의 발생

1) 법률상 손해의 기본 개념

법률적 의미의 '손해'란 법에 의하여 보호되는 생활이익, 즉 법익에 관하여 받은 불이익을 의미한다. 민법에서는 손해의 개념에 관하여 법률로서 이를 직접 규정하지 않고 있다. 다만, 손해가 있는 경우에 이를 배상하도록 규정하고 있을 뿐이다.

민법 제390조(채무불이행과 손해배상)

채무자가 채무의 내용에 좇은 이행을 하지 아니한 때에는 채권자는 손해배상을 청구할 수 있다. 그러나 채무자의 고의나 과실 없이 이행할 수 없게 된 때에는 그러하지 아니하다.

민법 제750조(불법행위의 내용)

고의 또는 과실로 인한 위법행위로 타인에게 손해를 가한 자는 그 손해를 배상할 책임이 있다.

---

2) 학설의 대립

민법상 '손해'를 정의하는 규정의 부재로 인해 '손해'의 현실적 적용을 위해서는 추상적인 '손해의 개념'이 구체적인 경우에 어떻게 인정되고 있는지에 대한 검토가 필요하다. 적용 분야에 따라 '손해'의 의미 및 해석에 대해서는 여러 의견이 존재한다. 이에 대해 학설은 크게 ① 차액설(자연적 손해 개념론)과 ② 평가설(규범적 손해 개념론)로 대립한다.

'차액설(자연적 손해 개념론)'은 손해를 자연적인 개념으로 파악하여, 현재의 이익상태와 가해행위가 없었다고 한다면 있었어야 할 이익상태와의 차이로 보는 견해이다. 판례는 통상적인 계약 불이행 또는 불법행위 사건의 경우에 손해의 기본적인 개념을 '차액설'에 근거하여 보고 있다.

대법원 2011. 7. 28., 선고, 2010다18850, 판결에서 대법원은 정유업체들이 위법한 입찰담합행위로 인해 국가에 입힌 손해에 대해 담합행위로 인하여 형성된 낙찰가격과 담합행위가 없었을 경우에 형성되었을 가격의 차액이라는 판결을 내린 바 있다.

손해배상(기)
[대법원 2011. 7. 28., 선고, 2010다18850, 판결]

【판시 사항】
[1] 위법한 입찰 담합행위로 인한 손해의 산정 방법 […]
【판결 요지】
[1] 위법한 입찰 담합행위로 인한 손해는 담합행위로 인하여 형성된 낙찰가격과 담합행위가 없었을 경우에 형성되었을 가격(이하 '가상 경쟁가격'이라 한다)의

차액을 말한다. 여기서 가상 경쟁가격은 담합행위가 발생한 당해 시장의 다른 가격 형성 요인을 그대로 유지한 상태에서 담합행위로 인한 가격상승분만을 제외하는 방식으로 산정하여야 한다. 위법한 입찰 담합행위 전후에 특정 상품의 가격 형성에 영향을 미치는 경제조건, 시장구조, 거래조건 및 그 밖의 경제적 요인의 변동이 없다면 담합행위가 종료된 후의 거래가격을 기준으로 가상 경쟁가격을 산정하는 것이 합리적이라고 할 수 있지만, 담합행위 종료 후 가격 형성에 영향을 미치는 요인들이 현저하게 변동한 때에는 그와 같이 볼 수 없다. 이러한 경우에는 상품의 가격 형성상의 특성, 경제조건, 시장구조, 거래조건 및 그 밖의 경제적 요인의 변동 내용 및 정도 등을 분석하여 그러한 변동 요인이 담합행위 후의 가격 형성에 미친 영향을 제외하여 가상 경쟁가격을 산정함으로써 담합행위와 무관한 가격 형성 요인으로 인한 가격변동분이 손해의 범위에 포함되지 않도록 하여야 한다.

그러나 이러한 '차액설'에 의하여 산정되는 손해는 사실상 재산상의 손해인 차액만을 의미하므로 손해의 모든 경우를 포함할 수 없다는 한계를 가진다. 예를 들면, 타인의 불법행위로 인하여 상해를 입고 노동능력의 일부를 상실한 경우, 차액설에 의하면 일실소득에 차이가 없다면 손해가 없는 것으로 간주하게 되는 것이다.

반면, '평가설'은 손해를 규범적인 개념으로 파악하여 가해행위의 전과 후 재산상태 사이에 재산상의 불이익이 존재하지 않더라도 가치 평가상 인정되는 손해로 보는 견해이다. 위에서 살펴본 타인의 불법행위로 인하여 상해를 입고 노동능력의 일부를 상실한 경우, '평가설'은 손해의 개념을 노동능력의 상실 자체로 보고 사고 당시의 소득이나 추정소득에 의하여 손해를 평가한다.

이러한 입장은 불법행위로 인한 노동능력의 상실과 같은 사건에서 점차 인정되고 있는 추세이다. 오늘날, 법원은 의학계의 노동능력 상실 정도에 대한 과학적 분석방법의 도입에 따라 가해행위로 발생한 손해가 '차액설'에 의하여 산정되지 않는 경우에도 '평가설'에 의한 손해의 개념인 노동능력의 상실을 손해로 보는 평가설의 개념을 도입하여 손해에 대한 배상 책임을 확대하여 인정하고 있다. 최근에는 차액설과 평가설 중에서 합리적이고 타당성을 가지는 방법을 채택하고 있는 등 손해의 개념을 점차 확대하여 인정하는 경향을 보이고 있다.

3) 손해의 종류

(1) 재산적 손해와 비재산적 손해

'재산적 손해'는 부동산·동산·채권 등의 재산적 가치가 있는 법익에 관하여 생긴 손해를 의미한다. '비재산적 손해' 생명·신체·자유·명예 등의 비재산적 법익에 관하여 생긴 손해를 말한다.

양자의 구별실익과 관련해서는 우리나라의 경우 법률적인 차이는 없다고 할 것이다. 한편, "비재산적 손해에 관하여는 법률로써 정한 경우에 한하여 금전에 의한 배상을 청구할 수 있다."라고 규정한 독일 민법 제253조와 같이 비재산적 손해에 대하여는 특별한 규정이 있는 경우도 존재한다. 다만, 비재산적 손해는 특별한 사정으로 인한 손해인 경우가 많아 그 구별이 유의미하다고 할 수 있다.

(2) 적극적 손해와 소극적 손해

'적극적 손해'란 재산의 멸실, 훼손 또는 신체의 상해와 같은 기존 법익이 없어지거나 줄어드는 등 침해당한 경우의 손해이다. 반면, '소극적 손해'는 장래에 얻을 수 있었던 이익을 얻지 못하고 일실하는 데 따른 손해를 말한다.

일반적으로 적극적 손해는 통상손해에 해당하고 소극적 손해는 특별손해에 해당하는 경우가 많다. 적극적 손해는 현실에서 존재하는 상태에 대한 손해이므로 그 입증이 쉬운 반면, 소극적 손해는 장래에 획득 가능한 이익에 관한 것이므로 그 입증이 어렵다.

(3) 통상손해와 특별손해

'통상손해'는 거래 관념에 따라 보통 발생하는 것으로 생각되는 범위의 손해를 의미한다. '특별손해'는 당사자 사이에서 개별적·구체적 사정에 의하여 발생한 손해로 특별사정에 관하여 채무자가 알았거나 알 수 있었을 경우에만 책임을 부담하는 손해이다.

우리나라의 경우, 민법 제763조의 준용에 의하여 민법 제393조가 적용됨으로써 손해액에 대한 평가는 채무불이행 책임과 불법행위 책임이 동일하다. 통상손해를 주로 배상하게 되며, 특별손해는 알거나 알 수 있었을 경우에 한하여 배상 책임을 부담하게 된다.

4) 대법원에서 구분하는 손해

대법원은 불법행위로 인한 손해배상청구의 소송물로서 손해를 크게 3가지, 즉 ① 적극적 손해, ② 소극적 손해, ③ 정신적 손해로 분류하여 인정하고 있다.

3가지 손해는 각기 다른 손해이므로, 적극적 손해만을 재판으로 청구하였다가 추후에 소극적인 손해를 근거로 별도의 소송을 제기하는 경우에는 그러한 청구가 소멸시효가 도과하지 아니하는 한 지급하여야 한다.

소송상으로는 신체 감정의 결과에 따라서 청구금액을 확장할 것을 전제로 우선 재산상 및 정신상 손해금 중 일부를 청구한다는 뜻을 기재하고 일부의 금액만으로 소송을 제기하는 것이 일반적이다. 이때, 소송의 제기로 소멸시효는 중단되고, 이는 소장에서 주장한 손해배상 채권의 동일성의 범위 내에서 채권 전부에 미치기 때문에 시효는 문제가 되지 않는다.

손해배상
[대법원 1976. 10. 12., 선고, 76다1313, 판결]

【판시 사항】
불법행위로 인하여 신체에 상해를 입었을 경우 손해배상청구에서의 소송물

【판결 요지】
불법행위로 말미암아 신체의 상해를 입었기 때문에 가해자에게 대하여 손해배상을 청구할 경우에 있어서는 그 소송물인 손해는 통상의 치료비 따위와 같은 적극적 재산상 손해와 일실수익 상실에 따르는 소극적 재산상 손해 및 정신적 고통에 따르는 정신적 손해(위자료)의 3가지로 나누어진다고 볼 수 있고 일실수익 상실로 인한 소극적 재산상 손해로서는 예를 들면 일실노임, 일실상여금 또는 후급적 노임의 성질을 딴 일실퇴직금 따위가 모두 여기에 포함된다.

(1) 적극적 손해

적극적 손해란, 기존에 보유하고 있는 이익이 상실되는 손해이다. 즉, 가해행위로 인하여 직접적으로 지출된 비용으로 인해 입은 손해를 말한다. 기왕치료비, 통원비용, 사망의 경우에는 장례비, 교통비, 개호비 등을 말하며 비교적 입증이 용이하다.

다만, 적극적 손해는 주로 원고가 입증하여야 하는데 재산적 손해의 발생은 인정되나 구체적 손해액을 증명하기 어려운 경우에는 법원이 간접사실을 종합하여 손해의 액수를 정하는 경우가 있다. 또한, 법원이 감정을 통한 금액을 부인하고 법원에서 임의로 손해배상의 금액을 정하는 경우도 있다.

(2) 소극적 손해

소극적 손해란, 장차 얻을 수 있는 이익을 얻지 못하는 손해이다. 즉, 불법행위가 없었을 경우에 피해자가 적극적으로 취득할 수 있었으나, 불법행위로 인하여 그러한 기회를 상실한 것을 말한다. 이에 해당하는 손해로는 상실수익액, 일실퇴직금, 일실노임, 일실상여금, 휴업손해 등이 있다.

(3) 위자료

민법은 정신적 이익을 불법행위로부터 보호되어야 할 법익으로 인정하고 있는데, 이에 대한 금전 배상을 '위자료'라고 한다.

위자료 액수의 확정은 원칙적으로 가치산정이 어려운 것을 금전으로 환산하는 것이기 때문에 명확한 기준이 있는 것은 아니고 법원이 재산상 손해를 배상받을 수 있는지 여부, 배상액의 다과, 연령, 사고 경위, 가족관계 등 제반 사정을 고려하여 직권으로 정한다.

손해배상(기)
[대법원 1988. 2. 23,, 선고, 87다카57, 판결]

【판시 사항】
가. 위자료 액수의 확정 방법 […]
【판결 요지】
가. 불법행위로 인하여 입은 정신적 고통에 대한 위자료 액수에 관하여는 사실심 법원이 제반 사정을 참작하여 그 직권에 속하는 재량에 의하여 이를 확정할 수 있다.

일반적으로, 법원은 피해자 개개인의 위자료액을 정하는 것이 아니라 위자료청구권이 발생한 자들을 하나의 가단(家團)으로 묶어서 총액을 인정하고, 정신적인 고통이 크다고 볼 수 있는 자에게 많이 할당하여 배분하는 형태를 취하고 있다. 예를 들면, 배우자는 500만 원, 자녀에게는 200만 원, 형제자매에게는 100만 원을 위자료로 각각 지급하는 경우이다.

7. 인과관계의 성립

1) 기본 개념 및 학설의 대립

불법행위가 성립하기 위해서는 가해행위로 인하여 손해가 발생하였을 것을 요건으로 한다. 즉, 위법행위와 발생한 손해 사이에 인과관계가 성립하여야 한다. 인과관계의 범위에 대해서는 크게 ① '조건설', ② '사실적 인과관계설(개연성설)', ③ '상당인과관계설'이 대립한다.

'조건설'은 원인과 결과 간에 조건적인 관계만 있으면 인과관계를 인정하는 견해이다. '사실적 인과관계설'은 원인과 결과 간에 사실상의 인과관계, 다시 말해 인과관계의 개연성만 있으면 인과관계를 인정하는 입장이다. 한편, 우리나라의 통설과 판례가 취하고 있는 '상당인과관계설'은 원인과 결과 간에 구체적인 경우가 아닌 보통의 경우에서라도 인과관계가 있어야 한다는 입장이다. '상당인과관계설'의 대표적 명제는 "그 행위로부터 그러한 결과가 발생하는 것이 일상생활의 경험상 통상적일 때"로 표현할 수 있을 것이며 이 경우에 해당하는 행위의 결과에 대하여 '상당성'을 인정한다.

다시 말해, '사회생활상의 일반적 경험지식'이라는 일반적인 기준에 의하여 결과귀속을 한정한다. 즉, 인과관계 자체가 법적 관점에서 제약될 수 있는 것으로 파악하며 인과관계 자체를 중요한 범위로 제한함으로써 구성요건단계에서 귀책 범위를 한정하려고 시도하는 견해라고 표현할 수 있다. 이러한 '상당인과관계설'은 다시 ① '주관적 상당인과관계설', ② '객관적 상당인과관계설', ③ '절충적 상당인과관계설'로 구분되어 대립한다.

'주관적 상당인과관계설'은 행위 시에 행위자가 현실적으로 인식, 예견한 사정 또는 인식·예견할 수 있었던 사정을 판단의 기초로 한다. 그러나 이와 같이 판단하면 인과관계의 판단이 책임판단에 상당히 가까운 것으로 되어버리게 되는데 과연 인과관계의 단계에서 그와 같은 판단을 행하는 것이 타당한 것인지 또는 필요한 것인지에 관한 문제의 소지가 있게 된다.

한편, '객관적 상당인과관계설'은 행위 시에 무엇인가 인식 가능한 양상으로 존재하고 있었던 모든 사정을 판단의 기초로 한다. 이때, 사후적으로 판명된 것이라도 무방하다. 피해자의 특이체질이나 질병이 개입되어 결과 발생에 이르는 경우에 우리나라 대법원은 '객관적 상당인과관계설'을 거의 일관되게 취하고 있는 것으로 보인다.

폭행치사
[대법원 1985. 4. 3., 선고, 85도303, 판결]

【판시 사항】
특수 체질자였기 때문에 가벼운 폭행으로 인한 충격으로 사망한 경우 사망에 대한 예견 가능성이 없다고 보아 폭행치사죄의 성립을 부정한 사례

'절충적 상당인과관계설'은 종래 우리나라에서 다수설의 입장으로 행위 시에 일반인이 인식·예견 또는 인식·예견할 수 있었던 사정 및 일반인이 인식할 수 없었던 사정이라도 행위자가 특별히 인식·예견한 사정을 판단의 기초로 한다. 그러나 이러한 입장에 대해 객관적 요건이 되는 인과관계에 행위자의 주관적 요소가 혼입되어 행위자마다 인과관계의 존부가 달라질 수 있다는 점이 비판점으로 지적될수 있다.[7]

2) 입증 책임

불법행위에 대한 성립요건은 피해자가 모두 입증하여야 하므로, 가해자의 불법행위를 입증하고자 하는 피해자는 인과관계에 대한 입증책임을 진다. 그러나 민법 중 특수불법행위 및 자동차손해배상보장법, 제조물책임법 등의 법리 하에서는 인과관계가 추정되고, 가해자가 오

---

[7]　이용식, "상당인과관계설의 이론적 의미와 한계 — 상당성의 본질 —", 서울대학교 법학연구소, 「서울대학교 법학」 Vol. 44 No. 3, (2003).

히려 인과관계가 없음을 반증하여야 한다.

3) 사례 연구

> 갑(甲)은 차량추돌사고로 인하여 심하게 다치게 되었다. 이에 불법행위로 인한 손
> 해배상청구소송을 진행하게 되었고, 손해 발생의 입증, 손해배상액의 산정, 증거
> 자료의 수집 및 입증 등을 스스로 하기엔 어려운 점이 있어 전문가인 변호사에게
> 의뢰하여 소송을 진행하게 되었다.
> 갑(甲)은 변호사 비용이 결국 피고가 일으킨 차량 사고 그 차제로 발생한 제1차적
> 인 불법행위로 인한 것이니 불법행위로 인한 손해배상채권에 포함시켜 그 배상
> 청구를 인용하여야 한다고 주장하고 있다.

【검토 사항】

■ 위 사안에서, 갑(甲)이 지불한 변호사 비용은 손해배상청구의 원
인이 된 불법행위 자체와 상당인과관계 있는 손해인가?

■ 변호사강제주의를 택하고 있는 헌법소원심판(憲法訴願審判)의 경
우도 마찬가지인가? 다시 말해, 청구인의 헌법소원 심판청구가
받아들여져 공권력의 행사나 불행사가 위헌이라는 헌법재판소의
결정이 있는 경우, 청구인이 변호사에게 지급한 보수를 상대방(피
청구인)인 국가로부터 받을 수 있는가?

【판례 분석】

이 사건은 불법행위에 대한 손해배상채권을 판단함에 있어 손해를
발생시킨 위법행위와 발생한 손해 사이에 상당인과관계의 성립이 가지

는 중요성을 잘 보여주고 있다. 변호사 비용이 불법행위로 인한 손해배상채권에 포함되는지 여부에 대해 대법원은 아래의 판결을 통해 변호사강제주의를 택하지 않고 있는 우리나라 법제를 고려하여 상당인과관계의 성립을 부정하였다.

손해배상
[대법원 1978. 8. 22., 선고, 78다672, 판결]

【판시 사항】
가. 변호사 비용이 불법행위로 인한 손해배상채권에 포함되는지 여부
나. 차량사고에 있어서 상대방이 승소하는 경우 변호사 비용을 부당항쟁으로 인한 손해배상으로서 인용할 것인지 여부

【판결 요지】
1. 변호사강제주의를 택하지 않고 있는 우리나라 법제하에서는 불법행위 자체와 변호사 비용 사이에 상당인과관계 있음을 인정할 수 없으므로 변호사 비용을 불법행위 자체로 인한 손해배상채권에 포함시킬 수 없다.
2. 차량 사고에 있어서는 불법행위의 성립 여부 및 손해액 등을 쉽게 알 수 없으므로 특히 부당히 항쟁한다고 인정되는 특별사정이 없는 이상 상대방이 응소하고 항소하였다 하여 부당항쟁으로 인한 손해배상으로서 변호사 비용을 인용할 수 없다.

한편, 변호사강제주의를 택하고 있는 헌법소원심판(憲法訴願審判)에 있어 승소한 청구인이 소송수행을 위하여 지출한 변호사 비용을 국가를 상대로 한 손해배상채권에 포함시킬 수 있는지가 문제 될 수 있다.

이에 대해 헌법재판소는 아래의 판결을 통해 이를 부정한 바 있다. 헌법재판소는 헌법재판의 정의, 헌법소원심판이 수행하는 객관적인 헌법 질서에 관한 수호·유지기능, 헌법소원심판의 직권주의적 성격과 심

판 비용의 국가부담 원칙, 변호사강제주의, 국선대리인제도 등에 관한 헌법재판소법의 규정에 주목하여 이를 종합적으로 고려하였을 때 변호사강제주의에 따른 변호사 보수 등의 당사자비용은 국가가 부담하는 심판 비용에 포함되지 않는다고 보았다.

나아가, 헌법재판소는 승소자의 당사자비용을 그 상대방인 패소자에게 반드시 부담시켜야만 하는 민사소송법과 행정소송법의 소송비용에 관한 규정들을 준용하는 것은 헌법재판의 성질에 반한다고 보았다. 이에 따라, 청구인에 대해 심판 비용 부담 결정이나 심판 비용 확정 결정을 구할 신청권도 부정한 바 있다.

심판 비용 부담 결정 등 신청
[전원재판부 2012헌사496, 2015. 5. 28.]

【판시 사항】
가. 국가가 부담하는 헌법재판의 심판 비용에 변호사강제주의에 따른 변호사 보수 등의 당사자비용이 포함되는지 여부(소극) […]

【전문】
[…] 3. 판단

가. 민사소송법과 행정소송법의 소송비용에 관한 규정들을 준용하는 것이 헌법재판의 성질에 반하는지 여부

⑴ 헌법재판소법 제37조 제1항은 심판 비용의 국가부담 원칙을, 같은 조 제2항, 제3항은 헌법소원심판의 청구인에 대한 공탁금 납부와 국고 귀속을, 같은 법 제25조 제3항은 각종 심판 절차에서 사인의 변호사강제주의를, 같은 법 제70조는 헌법소원 심판 절차에서 자력이 부족한 청구인에 대한 국선대리인 제도를 각각 규정하고 있다.

헌법재판의 심판 비용을 국가가 부담하는 것은 헌법재판이 헌법을 보호하고, 권력을 통제하며, 기본권을 보호하는 등의 기능을 하는 객관적 소송이기 때문

인데, 국가가 부담하는 심판 비용에 변호사 보수와 같이 청구인 등이 소송수행을 위하여 스스로 지출하는 비용인 당사자비용도 포함된다고 볼 경우에는 헌법재판청구권의 남용을 초래하여 헌법재판소의 운영에 따른 비용을 증가시키고 다른 국민이 헌법재판소를 이용할 기회를 침해할 수 있으며 헌법재판소법에 국선대리인 제도를 함께 규정할 필요도 없었을 것이므로, 국가가 부담하는 심판 비용에는 재판수수료와 헌법재판소가 심판 등을 위하여 지출하는 비용인 재판비용만 포함되고, 여기에 변호사강제주의에 따른 변호사 보수 등의 당사자비용은 포함되지 아니한다고 봄이 상당하다.

8. 손해의 산정 및 배상

1) 손해배상의 기본 개념

손해배상이란 위법행위의 원인으로 인하여 생긴 타인의 손해를 메꾸어 손해가 없는 것과 같게 하는 것을 말한다. 반면, 위법행위가 아닌 적법한 행위임에도 타인에게 피해가 발생했을 때 그 손해를 메꾸어 손해가 없는 것과 같은 상태로 회복하는 것을 손실보상이라고 한다.

2) 손해의 산정 시기

손해는 손해가 발생한 때에 산정하여야 하므로 손해의 범위를 정하는 데 있어 기준이 될 뿐만 아니라, 손해의 산정 시기는 소멸시효의 기산점이 되므로 매우 중요한 의미를 가진다.

불법행위에서의 손해의 산정 시기는 원칙적으로 타인에게 손해를 가한 때, 즉 가해행위를 한 때이다. 손해의 발생 자체가 불법행위의 성립요건이므로 손해의 산정 시기도 손해가 발생한 때가 된다. 통상적으로 는 불법행위에 있어 위법한 행위인 가해행위를 한 때 현실적인 손해가 발생한다.

가해행위와 이로 인한 현실적인 손해 사이에 시간적 간격이 있는 경우, 판례는 관념적이고 부동적인 상태에서 잠재적으로만 존재하고 있는 손해가 그 후 현실화되었다고 볼 수 있는 때가 손해 산정의 시기가 된다고 보고 있다. 즉, 손해의 결과 발생이 현실적인 것으로 되었다고 할 수 있을 때 손해가 발생한 것이므로 그때를 기준으로 손해를 산정한다.

다시 말해, 손해 발생의 우려가 있다는 사유만으로 불법행위가 성립한 것으로 볼 수 없다. 따라서 실제로 손해가 발생한 때, 즉 현실적으로 손해의 결과 발생이 있었을 때 손해액이 확정되므로 발생한 손해는 가해행위 시가 아닌 위 시점을 기준으로 산정하여야 하며, 소멸 시효 또한 현실적으로 손해가 발생한 때부터 진행하게 된다.

손해배상(기)
[대법원 2007. 11. 16., 선고, 2005다55312, 판결]

【판시 사항】
[3] 가해행위와 그로 인한 현실적인 손해 발생 사이에 시간적 간격이 있는 불법행위의 경우, 그 손해배상 책임의 소멸시효 기산점이 되는 '불법행위를 한 날'의 의미 […]

【판결 요지】
[3] 가해행위와 그로 인한 현실적인 손해의 발생 사이에 시간적 간격이 있는 불법행위에 기한 손해배상채권의 경우, 소멸시효의 기산점이 되는 '불법행위를

한 날'의 의미는 단지 관념적이고 부동적인 상태에서 잠재적으로만 존재하고 있는 손해가 그 후 현실화되었다고 볼 수 있는 때, 다시 말하자면 손해의 결과 발생이 현실적인 것으로 되었다고 할 수 있는 때로 보아야 한다.

3) 과실상계 및 손익상계

(1) 과실상계

민법 제763조(준용규정)
제393조, 제394조, 제396조, 제399조의 규정은 불법행위로 인한 손해배상에 준용한다.

민법 제396조(과실상계)
채무불이행에 관하여 채권자에게 과실이 있는 때에는 법원은 손해배상의 책임 및 그 금액을 정함에 이를 참작하여야 한다.

가해행위에 대하여는 책임을 져야 하나 채권자 또는 피해자 자신의 부주의로 인하여 발생하였거나 확대된 손해를 타인에게 부담 지울 수 없도록 함으로써 손해의 공평한 분담을 도모하기 위한 제도이다. 이 경우, 가해행위의 요건인 과실보다 낮은 정도의 과실이라도 인정되나 손해의 발생 또는 손해의 확대와 상당한 인과관계가 있는 과실이어야 한다.

과실의 인정비율은 사실인정에 관한 부분이나 채권자 또는 피해자의 과실이 인정된 경우에는 반드시 이를 참작하여 손해액에서 공제하여야 한다. 과실이 있는 경우에도 이를 참작하지 않은 경우에는 위법한 것으로 인정된다.

(2) 손익상계

법률에 규정은 없으나 채권자 또는 채무자가 가해행위로 인하여 손해를 받은 것과 같은 원인으로 이익을 얻고 있을 때에는 공평의 원칙에 의하여 발생한 손해에서 얻은 이익을 공제하는 것을 말한다.

다만, 이 경우에도 얻은 이익은 손해 발생의 원인과 상당인과관계가 있는 이익에 한정한다. 따라서 피해자가 사망한 경우에 부의금과 같이 증여라는 별개의 원인에 의한 이익은 손해에서 공제하여야 할 이익에 해당하지 않게 된다.

손해배상
[대법원 1971. 7. 27., 선고, 71다1158, 판결]

【판시 사항】
가해자가 피해자의 유족에게 지급한 조위금은 위자료의 일부라고 볼 수 없으므로, 이를 가해자가 지급하여야 할 위자료의 액에서 공제하여야 할 것이라고는 할 수 없고 위 사실은 다만 위자료의 액수를 산정함에 있어서 참작하여야 할 사정에 해당한다고 할 것이다.

【판결 요지】
가해자가 피해자의 유족에게 지급한 조위금은 위자료의 일부라고 볼 수 없으므로 이를 가해자가 지급하여야 할 위자료의 액에서 공제하여 할 것이라고는 할 수 없고 위 사실은 다만 위자료의 수액을 산정함에 있어서 참작하여야 할 사정에 해당한다고 할 것이다.

---

(3) 공제의 순서

손해 발생으로 인하여 피해자에게 이득이 생기고, 그 손해 발생에 피해자의 과실이 경합된 경우 손해액을 산정함에 있어서는 먼저 산정된 손해액에서 법률에 따른 공제인 과실상계를 한 후 위 이득을 공제하여 손해액을 산정한다. 따라서 발생한 손해에서 우선 과실상계를 하고, 손익상계를 한 후에 산정된 손해가 가해자가 책임져야 할 불법행위로 인한 손해가 된다.

손해배상
[대법원 1981. 6. 9,, 선고, 80다3277, 판결]

【판시 사항】
손해배상액을 산정함에 있어서 과실상계 및 손익상계를 하는 경우의 그 순서

【이유】
[…] 원판결 이유에서 원심은 원고 이 상진이가 이 사건 사고로 입은 손해인 일실이익금 17,991,329원, 일실퇴직금 3,302,969원, 향후 치료비 801,000원 등 도합 22,095,198원에서 피고로부터 수령한 휴업급여금 329,981원을 먼저 공제한 다음 그 잔액 21,765,217원에 대하여 과실상계를 하고 피고가 배상할 금액을 11,000,000원으로 정하였으나 손해 발생으로 인하여 피해자에게 이득이 생기고 한편 그 손해 발생에 피해자의 과실이 경합되어 과실상계를 하여야 할 경우에는 먼저 산정된 손해액에다 과실상계를 한 후에 위 이득을 공제하여야 할 것이므로(당원 1973. 10. 23. 선고, 73다337, 판결 참조) 원판결은 이 점에서도 배상액 산정을 그르친 위법이 있다.

4) 손해배상의 범위

제763조(준용규정)

제393조, 제394조, 제396조, 제399조의 규정은 불법행위로 인한 손해배상에 준용한다.

제393조(손해배상의 범위)

① 채무불이행으로 인한 손해배상은 통상의 손해를 그 한도로 한다.

② 특별한 사정으로 인한 손해는 채무자가 그 사정을 알았거나 알 수 있었을 때에 한하여 배상의 책임이 있다.

민법 제763조의 준용에 의하여 민법 제393조가 적용됨으로써 통상 손해를 주로 배상하게 되며, 특별손해는 알거나 알 수 있었을 경우에 한하여 배상 책임을 부담하게 된다.

제6장

과실책임과
무과실책임

1. 민법의 기본원리와 과실책임의 원칙

근대 민법은 역사의 발전과정 속에서 인간의 자유와 평등을 지향하는 자유주의적 정치이념과 자본주의적 경제이념을 구현하는 데 중추적인 역할을 담당해왔다. 이러한 근대 민법의 체계를 구성하는 기본원리는 크게 3가지로 요약되는데, ① 소유권절대의 원칙, ② 사적 자치의 원칙, ③ 과실책임의 원칙이 바로 그것이다. 이를 '민법의 3대 원칙(民法의 三大原則)'이라고 부르기도 한다.

'과실책임주의' 또는 '자기책임주의'란, 가해자가 타인의 권리 내지 법익을 침해하는 경우, 가해자의 고의 또는 과실이 있는 경우에 한하여 그 손해를 배상할 책임을 부과하는 원칙을 말한다. 민법 제750조에서는 가해자에게 귀책사유(고의 또는 과실)가 있는 경우에만 그 배상 책임을 부과하는 과실책임을 규정하고 있다. 이에 따라, 과실이 없으면 책임을 부담하지 않으므로, 간접적으로는 과실 없이 행동할 것을 요구한다.

한편, 오늘날과 같은 고도로 다원화된 위험사회에서는 가해자의 고의, 과실에 기하지 아니하고도 타인에게 손해를 발생케 하는 경우가 많아 자동차손해배상보장법과 같은 각종 특별법이 제정되고 있다. 이와 같이 기존의 과실책임주의 원리가 수정되기 시작하였는데, 이는 피해자를 두텁게 보호하여야 할 필요가 있다는 사회적인 요구에 근거한 것이다. 가해자에게 고의 또는 과실이 없음에도 가해자가 특히 위험한 행위 또는 위험한 시설 등의 위험원을 지배하고 있다고 사실에 기인하여 발생한 손해를 전보케 하는 책임을 '무과실책임' 또는 '결과책임'이라고 한다.

> **제750조(불법행위의 내용)**
> 고의 또는 과실로 인한 위법행위로 타인에게 손해를 가한 자는 그 손해를 배상할 책임이 있다.

2. 입증 책임의 전환과 중간책임

　　고의 또는 과실은 불법행위의 적극적 성립요건이므로 원칙적으로 권리를 주장하는 피해자가 이를 입증하여야 한다. 예외적으로 가해자가 자기에게 고의 또는 과실이 없음을 입증하여야 책임을 면하는 경우가 있는데 이를 '입증 책임의 전환'이라고 한다. 이러한 입증 책임의 전환은 민법상 특수불법행위 또는 특별법에서 규정하고 있다.

민법 제755조(감독자의 책임)

① 다른 자에게 손해를 가한 사람이 제753조 또는 제754조에 따라 책임이 없는 경우에는 그를 감독할 법정의무가 있는 자가 그 손해를 배상할 책임이 있다. 다만, 감독의무를 게을리하지 아니한 경우에는 그러하지 아니하다.

② 감독의무자를 갈음하여 제753조 또는 제754조에 따라 책임이 없는 사람을 감독하는 자도 제1항의 책임이 있다.

[전문개정 2011. 3. 7.]

민법 제756조(사용자의 배상 책임)

① 타인을 사용하여 어느 사무에 종사하게 한 자는 피용자가 그 사무집행에 관하여 제삼자에게 가한 손해를 배상할 책임이 있다. 그러나 사용자가 피용자의 선임 및 그 사무감독에 상당한 주의를 한 때 또는 상당한 주의를 하여도 손해가 있을 경우에는 그러하지 아니하다.

② 사용자에 갈음하여 그 사무를 감독하는 자도 전 항의 책임이 있다. 〈개정 2014. 12. 30.〉

③ 전 2항의 경우에 사용자 또는 감독자는 피용자에 대하여 구상권을 행사할 수 있다.

제757조(도급인의 책임)

도급인은 수급인이 그 일에 관하여 제삼자에게 가한 손해를 배상할 책임이 없다. 그러나 도급 또는 지시에 관하여 도급인에게 중대한 과실이 있는 때에는 그러하지 아니하다.

민법 제758조(공작물 등의 점유자, 소유자의 책임)

① 공작물의 설치 또는 보존의 하자로 인하여 타인에게 손해를 가한 때에는 공작물점유자가 손해를 배상할 책임이 있다. 그러나 점유자가 손해의 방지에 필요한 주의를 해태하지 아니한 때에는 그 소유자가 손해를 배상할 책임이 있다.

② 전 항의 규정은 수목의 재식 또는 보존에 하자 있는 경우에 준용한다.

③ 전 2항의 경우에 점유자 또는 소유자는 그 손해의 원인에 대한 책임 있는 자에 대하여 구상권을 행사할 수 있다.

민법 제759조(동물의 점유자의 책임)

① 동물의 점유자는 그 동물이 타인에게 가한 손해를 배상할 책임이 있다. 그러나 동물의 종류와 성질에 따라 그 보관에 상당한 주의를 해태하지 아니한 때에는 그러하지 아니하다.

② 점유자에 갈음하여 동물을 보관한 자도 전 항의 책임이 있다. 〈개정 2014. 12. 30.〉

책임무능력자의 감독자책임(민법 제755조), 사용자의 배상 책임(민법 제756조), 공작물의 점유자의 책임(민법 제758조), 동물의 점유자의 책임(민법 제759조)에서는 각각 감독자, 사용자, 점유자의 과실이 추정된다. 따라서 이들이 책임을 면하기 위해서는 자신에게 과실이 없었음을 입증하여야 한다.

그러나 발생한 손해가 자신의 과실에 기인한 것이 아니라는 것을 입증하는 것은 실질적으로 쉬운 문제가 아니고 입증을 하지 못하게 되면 책임을 지게 된다는 점에서 실제로는 무과실책임에 가깝다고 할 수 있다. 이를 '중간책임' 또는 '상대적 무과실책임'이라고 부르기도 한다.

3. 무과실책임

1) 의의

근대법적으로는 특정한 가해행위를 한 행위자를 비난하는 개념으로서 고의, 과실이 손해배상의 영역에서 가장 중요한 것이었다. 이는 개인의 자유의지를 강조하는 입장에서는 개인이 특정한 행동을 선택한 바에 따라 특정한 결과를 책임지는 법적인 정의를 강조하였기 때문이다.

그러나 산업이 고도로 발달하면서 자동차 등 고속교통기관 및 위험한 기업시설 등이 등장하면서 현재는 과거와는 다른 위험의 양태가 발생하였다. 즉, 개인이 상대하여야 할 상대방으로서 사회적인 영향력이 큰 기업체가 다수 등장하게 되었고, 과거에는 생각할 수 없었던 거대위험이 발생하게 되었다.

예를 들면, 교통기관이나 기업시설이 손해를 발생케 한 경우, 행위자에 대한 비난 가능성 또는 귀책 가능성을 요건으로 배상 책임을 부과하는 과실책임주의로는 그 해결이 쉽지 않다. 손해 발생에 있어 과실이 없다고 인정되는 경우가 있고, 과실이 있더라도 입증이 어렵기 때문이다. 따라서 위험책임, 결과책임, 보상책임 등이 필요한 영역에서는 특정한 행위가 고의나 과실이 없다고 하더라도 과실책임주의로는 모든 가해행위를 공평하고 타당하게 해결하기 어려운 점이 있으므로 결과로 인하여 손해를 입은 사람들에게 손해배상 책임을 부담하여야 한다는 입장이 강한 설득력을 얻게 되었다.

다시 말해, 위험성이 높은 사업을 하여 충분한 이익을 취하고 있는 기업은 그 사업으로 인하여 손해가 발생하는 경우에는 행위의 과실 여부를 불문하고 피해자에게 보상하게 함으로써 사회적인 의무를 다하게 하는 것이다.

2) 법률 규정

민법은 불법행위에 관하여 과실책임주의를 원칙으로 하고 있으므로, 무과실책임은 예외적인 경우에 한하여 인정될 수밖에 없다. 우리나라는 무과실책임을 인정하기 위해 법률에서 이를 명시적으로 규정하는 방식을 취하고 있다. 민법에서 규정하고 있는 무과실책임은 제758조 제1항의 단서로서 공작물의 하자로 인한 소유자책임이 있다.

한편, 민법의 특별법인 자동차손해배상 보장법 제3조의 본문조항은 자동차 운행자에게 매우 까다로운 면책요건을 정함으로써 사실상 무과실책임을 부과하고 있다.

자동차손해배상 보장법 제3조(자동차손해배상 책임)

자기를 위하여 자동차를 운행하는 자는 그 운행으로 다른 사람을 사망하게 하거나 부상하게 한 경우에는 그 손해를 배상할 책임을 진다. 다만, 다음 각호의 어느 하나에 해당하면 그러하지 아니하다.

1. 승객이 아닌 자가 사망하거나 부상한 경우에 자기와 운전자가 자동차의 운행에 주의를 게을리하지 아니하였고, 피해자 또는 자기 및 운전자 외의 제삼자에게 고의 또는 과실이 있으며, 자동차의 구조상의 결함이나 기능상의 장해가 없었다는 것을 증명한 경우
2. 승객이 고의나 자살행위로 사망하거나 부상한 경우

3) 책임보험

무과실책임이 인정되는 분야에서는 책임을 지는 자는 책임보험제도를 이용하여 보험료를 통해 거액의 배상 책임을 지는 위험을 분산시킬 수 있다. 아울러, 피해자는 책임보험제도를 통해 가해자의 무자력 위험에서 벗어나 손해배상을 받는 것이 보장된다.

우리나라는 자동차 사고에 의한 손해배상과 근로자의 재해보상에 관하여는 책임보험의 가입을 법률로 강제하고 있다.

자동차손해배상 보장법 제5조(보험 등의 가입 의무)

① 자동차보유자는 자동차의 운행으로 다른 사람이 사망하거나 부상한 경우에 피해자(피해자가 사망한 경우에는 손해배상을 받을 권리를 가진 자를 말한다. 이하 같다)에게 대통령령으로 정하는 금액을 지급할 책임을 지는 책임보험이나 책임공제(이하 '책임보험등'이라 한다)에 가입하여야 한다.

② 자동차보유자는 책임보험등에 가입하는 것 외에 자동차의 운행으로 다른 사람의 재물이 멸실되거나 훼손된 경우에 피해자에게 대통령령으로 정하는 금액을 지급할 책임을 지는 「보험업법」에 따른 보험이나 「여객자동차 운수사업법」, 「화물자동차 운수사업법」 및 「건설기계관리법」에 따른 공제에 가입하여야 한다.

③ 다음 각호의 어느 하나에 해당하는 자는 책임보험등에 가입하는 것 외에 자동차 운행으로 인하여 다른 사람이 사망하거나 부상한 경우에 피해자에게 책임보험등의 배상 책임한도를 초과하여 대통령령으로 정하는 금액을 지급할 책임을 지는 「보험업법」에 따른 보험이나 「여객자동차 운수사업법」, 「화물자동차 운수사업법」 및 「건설기계관리법」에 따른 공제에 가입하여야 한다.

1. 「여객자동차 운수사업법」 제4조 제1항에 따라 면허를 받거나 등록한 여객자동차 운송사업자

2. 「여객자동차 운수사업법」 제28조 제1항에 따라 등록한 자동차 대여사업자

3. 「화물자동차 운수사업법」 제3조 및 제29조에 따라 허가를 받은 화물자동차 운송사업자 및 화물자동차 운송가맹사업자

4. 「건설기계관리법」 제21조 제1항에 따라 등록한 건설기계 대여업자

④ 제1항 및 제2항은 대통령령으로 정하는 자동차와 도로(「도로교통법」 제2조 제1호에 따른 도로를 말한다. 이하 같다)가 아닌 장소에서만 운행하는 자동차에 대하여는 적용하지 아니한다.

⑤ 제1항의 책임보험등과 제2항 및 제3항의 보험 또는 공제에는 자동차별로 가입하여야 한다.

산업재해보상보험법 제6조(적용 범위)

이 법은 근로자를 사용하는 모든 사업 또는 사업장(이하 '사업'이라 한다)에 적용한다. 다만, 위험률·규모 및 장소 등을 고려하여 대통령령으로 정하는 사업에 대하여는 이 법을 적용하지 아니한다.

제7장

민법상 특수불법행위

1. 기본 개념 및 구성 체계

　민법 제750조에서 규정하고 있는 일반불법행위의 모든 요건을 피해자가 입증하기 어려울 수 있다. 게다가 실제 가해자가 경제적인 자력이 없는 경우에는 가해자와 관련된 자들의 불법행위 책임을 인정하여 피해자를 두텁게 보호할 필요성도 있다.

　이러한 측면에서 민법에서는 제750조 이외의 불법행위 성립요건을 규정하고 있다. 특히, 민법에서는 제750조를 제외하고 가해자에게 유리한 책임을 인정하고 있는데 이를 특수불법행위라고 한다. 한편, 특별법상의 불법행위는 민법이 아닌 특별한 법률을 제정하여 피해자를 보호하고 있는 책임을 말한다.

2. 책임무능력자의 감독자의 책임

1) 의의

민법 제755조(감독자의 책임)

① 다른 자에게 손해를 가한 사람이 제753조 또는 제754조에 따라 책임이 없는 경우에는 그를 감독할 법정의무가 있는 자가 그 손해를 배상할 책임이 있다. 다만, 감독의무를 게을리하지 아니한 경우에는 그러하지 아니하다.

② 감독의무자를 갈음하여 제753조 또는 제754조에 따라 책임이 없는 사람을 감독하는 자도 제1항의 책임이 있다.

[전문개정 2011. 3. 7.]

민법 제755조는 가해자가 책임무능력자여서 손해배상 책임이 인정되지 않는 경우에 있어서, 감독의무자 등이 피해자에게 손해를 배상하는 책임을 규정하고 있다. 제1항의 단서 규정에 의하여 감독의무자가 스스로 감독의무를 게을리하지 아니하였다는 증명을 하는 경우에는 감독의무자는 책임을 면하게 되지만, 실질적으로 단서에 의한 증명을 인정하는 경우는 거의 존재하지 않는다.

제1항의 단서 규정에서도 명시하고 있듯이, 감독자책임은 책임무능력자의 가해행위 자체에 대한 과실이 아니라 책임무능력자로 하여금

가해행위를 하지 못하도록 방지하여야 할 감독자의 의무를 이행하지 못한 결과로 부담하게 되는 책임이다.

2) 성립요건

(1) 책임무능력자인 피감독자의 위법한 가해행위

피감독자가 책임무능력자로서 제753조 또는 제754조에 의하여 손해배상 책임을 지지 않는 경우여야 한다. 피감독자의 가해행위가 책임무능력 외의 사유로 인하여 불법행위를 구성하지 않게 되는 경우에도 감독의무자 등의 책임은 부정된다. 예를 들면, 피감독자의 가해행위와 손해 사이에 인과관계 자체가 부인되어 가해행위 자체가 인정되지 아니하거나, 위법성 조각 행위와 같이 피감독자의 행위가 위법성이 없는 행위인 경우에는 감독자 역시 책임을 부담하지 아니한다.

(2) 감독의무자 등의 감독의무 위반

감독의무자 등의 책임은 형식적으로 감독의무위반에 대한 과실책임이며, 감독에 있어서 감독자는 선량한 관리자의 주의의무를 다하여야 한다. 그러나 판례는 감독의무의 충실한 이행의 증명을 인정하지 않고 있기 때문에 실질적으로 무과실책임의 형태로 운영되는 중간책임이라고 할 수 있다.

(3) 감독의무자의 예

① 부모

미성년자를 감독할 친권자 등 법정 감독의무자의 보호 및 감독책임
은 미성년자의 생활 전반에 미친다.

손해배상(기)
[대법원 2007. 4. 26,, 선고, 2005다24318, 판결]

【판시 사항】
[2] 책임능력 없는 미성년자의 법정 감독의무자와 이에 대신하여 보호·감독의
무를 부담하는 교사 등이 각각 부담하는 보호·감독책임의 범위 및 양자의 관
계 […]

【판결 요지】
[2] 민법 제755조에 의하여 책임능력 없는 미성년자를 감독할 친권자 등 법정
감독의무자의 보호·감독책임은 미성년자의 생활 전반에 미치는 것이고, 법정
감독의무자에 대신하여 보호·감독의무를 부담하는 교사 등의 보호·감독책임
은 학교 내에서의 학생의 모든 생활 관계에 미치는 것이 아니라 학교에서의 교
육 활동 및 이와 밀접 불가분의 관계에 있는 생활 관계에 한하며, 이와 같은 대
리감독자가 있다는 사실만 가지고 곧 친권자의 법정 감독책임이 면탈된다고는
볼 수 없다.

---

② 교육기관의 감독의무

보호·감독의무를 부담하는 교육기관, 교사 등의 보호·감독책임은
학생의 모든 생활 관계에 미치는 것은 아니지만, 학교에서의 교육 활동
및 이와 밀접 불가분의 관계에 있는 생활 관계에 속한다. 그러나 이러한
감독의무에 대해서는 손해 발생과의 인과관계가 있어야 하며, 인과관계
가 인정되지 않는 모든 결과에 대하여 책임을 부담하는 것은 아니다.

> **손해배상(기)**
> **[대법원 1993. 2. 12,, 선고, 92다13646, 판결]**
>
> **【판시 사항】**
>
> 가. 학교에서 일어난 사고에 대한 학교의 교장이나 교사의 보호감독의무 위반의 책임 범위 […]
>
> **【판결 요지】**
>
> 가. 학교의 교장이나 교사의 학생에 대한 보호감독의무는 교육법에 따라 학생을 친권자 등 법정 감독의무자에 대신하여 감독하여야 하는 의무로서 학교 내에서의 학생의 전 생활 관계에 미치는 것이 아니고 학교에서의 교육 활동 및 이와 밀접불가분의 관계에 있는 생활 관계에 한하며, 그 의무 범위 내의 생활 관계라고 하더라도 사고가 학교생활에서 통상 발생할 수 있다고 하는 것이 예측되거나 예측 가능성(사고 발생의 구체적 위험성)이 있는 경우에 한하여 교장이나 교사는 보호감독의무 위반에 대한 책임을 진다고 할 것인바, 위의 예측 가능성에 대하여서는 교육 활동의 때, 장소, 가해자의 분별능력, 가해자의 성행, 가해자와 피해자와의 관계, 기타 여러 사정을 고려하여 판단할 필요가 있다. […]

③ 기타 대리감독자

사교육을 담당하는 학원의 설립·운영자나 교습자에게도 수강생을 보호할 의무가 있다.

> **손해배상(자)**
> **[대법원 2008. 1. 17,, 선고, 2007다40437, 판결]**
>
> **【판시 사항】**
>
> [1] 사교육을 담당하는 학원의 설립·운영자나 교습자에게도 공교육을 담당하는 교사 등과 마찬가지로 당해 학원 수강생을 보호·감독할 의무가 있는지 여부(적극)

[2] 유치원이나 학교 교사 등의 보호·감독의무가 미치는 범위 및 이러한 법리는 학원의 설립·운영자 및 교습자의 경우에도 마찬가지로 적용되는지 여부(적극)

【판결 요지】

[1] 유치원이나 학교의 원장·교장 및 교사는 교육기본법 등 관련 법령에 따라 그들로부터 교육을 받는 유치원생과 학생들을 친권자 등 법정 감독의무자를 대신하여 보호·감독할 의무를 진다. 그런데 유치원생이나 학생들을 대상으로 한 교육 활동이 유치원이나 학교에서만 이루어지는 것은 아니고, 특히 우리의 교육 현실을 보면 학원의 설립·운영 및 과외교습에 관한 법률에 따라 설립·운영되는 학원이나 교습소에서 학교 교육의 보충 또는 특기·적성교육을 위하여 지식·기술·예능을 교습하는 형태의 사교육이 광범위하게 이루어지고 있으며, 이러한 사교육은 학교 안에서 이루어지는 공교육 못지않은 중요한 역할을 수행하고 있는바, 공교육을 담당하는 교사 등과 마찬가지로 위와 같은 형태의 사교육을 담당하는 학원의 설립·운영자나 교습자에게도 당해 학원에서 교습을 받는 수강생을 보호·감독할 의무가 있다고 봄이 상당하다.

[2] 유치원이나 학교 교사 등의 보호·감독의무가 미치는 범위는 유치원생이나 학생의 생활 관계 전반이 아니라 유치원과 학교에서의 교육 활동 및 이와 밀접·불가분의 관계에 있는 생활 관계로 한정되고, 또 보호·감독의무를 소홀히 하여 학생이 사고를 당한 경우에도 그 사고가 통상 발생할 수 있다고 예상할 수 있는 것에 한하여 교사 등의 책임을 인정할 수 있으며, 이때 그 예상 가능성은 학생의 연령, 사회적 경험, 판단능력, 기타의 제반 사정을 고려하여 판단하여야 한다. 이러한 법리는 학원의 설립·운영자 및 교습자의 경우라고 하여 다르지 않을 것인바, 대체로 나이가 어려 책임능력과 의사능력이 없거나 부족한 유치원생 또는 초등학교 저학년생에 대하여는 보호·감독 의무가 미치는 생활 관계의 범위와 사고 발생에 대한 예견 가능성이 더욱 넓게 인정되어야 한다. 특히 유치원생이나 그와 비슷한 연령, 사회적 경험 및 판단능력을 가진 초등학교 저학년생을 통학 차량으로 운송하는 방식을 취하고 있는 경우에는 그 유치원·학교 또는 학원의 운영자나 교사 등으로서는 보호자로부터 학생을 맞아 통학 차량에 태운 때로부터 학교 등에서의 교육 활동이 끝난 후 다시 통학 차량에 태워 보호자가 미리 지정한 장소에 안전하게 내려줄 때까지 학생을 보호·감독할 의무가 있는 것으로 보아야 한다.

3. 사용자의 배상 책임

1) 의의

> **제756조(사용자의 배상 책임)**
> ① 타인을 사용하여 어느 사무에 종사하게 한 자는 피용자가 그 사무집행에 관하여 제삼자에게 가한 손해를 배상할 책임이 있다. 그러나 사용자가 피용자의 선임 및 그 사무감독에 상당한 주의를 한 때 또는 상당한 주의를 하여도 손해가 있을 경우에는 그러하지 아니하다.
> ② 사용자에 갈음하여 그 사무를 감독하는 자도 전 항의 책임이 있다. 〈개정 2014. 12. 30.〉
> ③ 전 2항의 경우에 사용자 또는 감독자는 피용자에 대하여 구상권을 행사할 수 있다.

사용자책임이란 사용자와 피용자 간의 사용 관계에서 피용자가 그의 사무집행에 관하여 제삼자에게 손해를 가한 경우에 사용자 또는 사용자에 갈음하여 사무를 감독하는 자는 그 피용자의 선임 및 감독에 과실이 없었음을 입증하지 못하는 한 그 손해를 피해자인 제삼자에게 직접 배상하여야 하는 손해배상 책임을 말한다.

사용자책임이 인정되는 근거는 원칙적으로 타인을 사용하여 이익을 얻고 있는 자는 그 피용자가 타인에게 가하는 손해에 대해서도 책임을 져야 한다는 보상책임의 원칙에서 찾을 수 있다. 사용자의 과실은 피용자의 선임·감독에 관한 것이고 사용자가 무과실의 입증책임을 부담하게 함으로써 입증 책임이 전환된다. 사용자와 사용자에 갈음하여 피용자를 감독하는 대리 감독자 역시 배상 책임을 진다. 이때, 가해 피용자 자신도 독립하여 일반불법행위 책임을 부담하며 사용자책임과는 성질상 부진정연대책임을 부담하는 것으로 본다.

2) 사용자책임의 본질과 학설의 대립

사용자책임의 본질에 대해서는 크게 ① 자기책임설(고유책임설)과 ② 대위책임설이 대립한다. 이 외에 절충설, 중간설과 같은 혼합적 견해도 존재한다.

(1) 중간책임설

사용자책임은 과실책임과 무과실책임의 중간적 형태인 중간책임으로 본다. 즉, 사용자의 과실은 피용자의 선임 감독에 관한 것이고 피용자의 제삼자에 대한 가해행위에 관한 것이 아니라는 점, 더불어 피용자의 선임·감독에 관하여 과실이 없다는 입증을 하여야 할 책임이 사용자에게 전환되어 있어 순수한 무과실책임이라고 하기 어려우므로 과실책임도 무과실책임도 아닌 중간책임으로 보고 있다.

(2) 대위책임설

통상 가해행위를 한 피용자는 배상할 자력이 없으므로 피해자의 손해배상청구권을 보장하여 주기 위하여 사용자가 피용인의 불법행위 책임을 대신하여 부담한다는 견해이다. 이 견해에 의하면 사용자가 배상 책임을 부담하기 위해서는 피용자의 불법행위 책임이 성립하여야 하며, 사용자가 피용자를 대신하여 손해배상을 한 경우에는 언제나 피용자에게 구상할 수 있다.

통설과 판례의 입장이다.

손해배상(기)
[대법원 1992. 6. 23,, 선고, 91다33070, 전원합의체 판결]

【판시 사항】
가. 피용자가 제삼자와의 공동불법행위로 피해자에게 손해를 가하여 손해배상 책임을 부담하게 된 사용자가 그 제삼자에 대하여 구상권을 행사할 수 있는 경우와 그 구상의 범위 […]

【판결 요지】
가. 피용자와 제삼자가 공동불법행위로 피해자에게 손해를 가하여 그 손해배상채무를 부담하는 경우에 피용자와 제삼자는 공동불법행위자로서 서로 부진정연대관계에 있고, 한편 사용자의 손해배상 책임은 피용자의 배상 책임에 대한 대체적 책임이어서 사용자도 제삼자와 부진정연대관계에 있다고 보아야 할 것이므로, 사용자가 피용자와 제삼자의 책임비율에 의하여 정해진 피용자의 부담부분을 초과하여 피해자에게 손해를 배상한 경우에는 사용자는 제삼자에 대하여도 구상권을 행사할 수 있으며, 그 구상의 범위는 제삼자의 부담부분에 국한된다고 보는 것이 타당하다.

---

(3) 자기책임설(고유책임설)

사용자 배상 책임의 근거를 보상책임 또는 위험책임으로 파악하여 사용자 배상 책임을 독립된 객관적인 책임 유형으로 보는 견해이다. 피용자의 고의 또는 과실 및 책임능력을 요구하지 않으며 사용자가 손해배상 책임을 부담한다. 피용자에 대한 구상권과 관련하여서는 사용자 본인의 책임으로서 구상권이 제한되거나 사용자의 고유과실을 제외한 범위 안에서만 구상권 행사가 가능하다고 본다.

3) 학설의 논리적 귀결에 따른 주요 쟁점

사용자 배상 책임의 본질을 어떻게 바라보느냐에 따라 논리적 귀결에 차이가 발생하며 이로 인해 ① 피해자의 선택적 청구 및 ② 사용자의 구상권 제한이 문제 된다.

우선, 피해자의 선택적 청구와 관련해서는 '자기책임설'을 취하는 경우 사용자가 자기 책임에 기인해 배상 책임을 지는 것이므로 피용자의 책임과 양립할 수 있다. 따라서 피해자는 피용자에 대한 청구와 사용자의 배상 책임 가운데 선택적 청구가 가능하다. 반면, '대위책임설'을 취하는 경우에는 사용자가 피용자의 배상 책임을 대신하여, 즉 갈음하여지는 것이므로 논리적으로는 피용자에게는 책임을 물을 수 없어 선택적 청구를 부인하는 결과를 가져온다.

통설과 판례는 대위책임설의 입장을 취하고 있다. 따라서 피해자는 제750조에 근거한 피용자에 대한 청구(일반불법행위 책임)와 제756조에 근거한 사용자에 대한 청구(사용자의 배상 책임)를 선택할 수 있다고 본다. 이 경우 양자의 책임은 부진정 연대채무의 관계이다.

사용자 배상 책임의 본질에 따른 논리적 귀결은 사용자의 구상권 제한 여부와도 연결된다. 구상권은 제756조 제3항 명문 규정상 인정되는 부분이나 이때 전액을 피용자에게 구상할 수 있는지에 대하여는 학설에 따라 차이가 있다. '전액구상설'의 경우, 사용자책임의 본질을 대위책임이라고 이해하여 사용자가 손해배상을 하는 경우, 그 전액을 피용자에게 구상할 수 있다고 보는 견해이다. 반면, 피용자에 대한 구상권은 제한적으로만 청구가 가능하다는 '제한구상설'이 존재하는데 이는 세부적 내용에 따라 크게 3가지 견해로 구분된다. 첫째, 사용자 책임의 본질을 고유책임이라고 이해하며 사용자는 자기의 고유책임 부분을 제외한 나머지 배상액만을 피용자에게 구상 청구할 수 있다는 견해가 있다. 둘째, 대위책임설을 취하면서 신의칙상 구상권을 제한할 수 있다는 견해가 있다. 셋째, 사용자와 피용자는 공동불법행위 관계에 있다고 보고 구상을 인정하는 견해가 존재한다.

판례는 공평의 견지에서 신의칙상 상당한 범위로 구상권을 제한할 수 있다고 본다. 제756조 제3항에 근거하여 사용자의 피용자에 대한 구상권을 폭넓게 인정하게 되면 최종적으로는 피용자 개인의 책임으로 돌아가게 되는 결과를 초래하기 때문이다.

즉, 피용자를 사용하는 과정에서 발생한 손해를 피용자에게 전가하게 되면 부당한 결과를 초래하게 된다는 점에서 구상권의 행사에 일정한 제한을 가하는 것이 신의칙에 부합한다고 보고 있다. 특히, 피용자의 가해행위가 지니는 책임성에 비하여 사용자의 가해행위에 대한 기여도가 지나치게 큰 경우에는 사용자의 피용자에 대한 구상권의 행사가 신의칙상 부당하다고 본 판례도 존재한다.

4) 성립요건

(1) 사용관계

사용자와 피용자 간에 사무에 종사하게 하는 사용관계가 있어야 한다. 여기에서 의미하는 '사무'는 법률적, 계속적인 것에 한하지 않고, 사실적, 일시적 사무라도 무방하다.

손해배상(기)

[대법원 1989. 10. 10,, 선고, 89다카2278, 판결]

【판시 사항】

관리단이 조직되어 있지 않은 공동주택의 관리를 위하여 건축주가 채용한 관리인의 불법행위와 건축주의 사용자책임 유무(적극)

【판결 요지】

민법 제756조가 규정하고 있는 사용자책임의 요건으로서의 사용자의 사무라 함은 법률적, 계속적인 것에 한하지 않고 사실적, 일시적 사무라도 무방한 것이므로 집합건물의소유및관리에관한법률의 적용을 받는 공동주택으로써 동 법률에 의하여 당연설립기구인 관리단이 관리하도록 되어 있는 건물이더라도 관리단이 조직으로서의 실체를 갖추지 못하여 건축주가 관리인을 채용하여 그 건물을 관리토록 하면서 그를 지휘, 감독하는 등 사실상 위 건물관리사무를 주관하여 왔다면 위 건축주는 그 관리인의 고의, 과실로 인한 손해에 대하여 사용자로서의 책임을 면할 수 없다.

'사용관계'란 실질적인 지휘, 감독관계를 뜻하는 것으로, 고용관계나 근로계약보다 넓은 개념이다. 반드시 유효한 고용관계가 있는 경우에 한하는 것도 아니며, 사용관계의 발생원인이나 보수의 유무 또는 기간의 장단도 문제가 되지 않는다. 명의를 빌린 사람의 불법행위에 대하여 명의 대여자는 사용자책임을 부담한다.

채무부존재확인
[대법원 2003. 12. 26, 선고, 2003다49542, 판결]

【판시 사항】
[2] 민법 제756조의 사용자와 피용자의 관계의 의미 및 피용자의 행위가 외형상 객관적으로 사용자의 사무집행에 관련된 것인지 여부를 판단하는 기준 […]

【판결 요지】
[2] 민법 제756조의 사용자와 피용자의 관계는 반드시 유효한 고용관계가 있는 경우에 한하는 것이 아니고, 사실상 어떤 사람이 다른 사람을 위하여 그 지휘·감독 아래 그 의사에 따라 사업을 집행하는 관계에 있을 때도 그 두 사람 사이에 사용자, 피용자의 관계가 있다고 할 수 있으며, 피용자의 불법행위가 외형상 객관적으로 사용자의 사업 활동 내지 사무집행행위 또는 그와 관련된 것이라고 보일 때에는 행위자의 주관적 사정을 고려함이 없이 이를 사무집행에 관하여 한 행위로 볼 것이고, 외형상 객관적으로 사용자의 사무집행에 관련된 것인지의 여부는 피용자의 본래 직무와 불법행위와의 관련 정도 및 사용자에게 손해 발생에 대한 위험 창출과 방지조치 결여의 책임이 어느 정도 있는지를 고려하여 판단하여야 한다. […]

---

(2) 사무집행의 관련성

사용자는 피용자가 사무집행에 관한 행위에 대해서 책임을 진다. 사용자는 통상적으로 본인의 책임을 면하기 위하여 피용자가 행한 가해행위가 사용자의 사무집행이 아님을 주장하는 경우가 대부분이다. 실질적으로 단서조항의 항변이 거의 불가능하고 사용관계는 넓게 인정하고 있기 때문이다. 판례는 사무집행과 관련하여 외형상으로 보았을 때 사무집행에 해당하기만 하면 사무집행 관련성이 있다고 판단하고 있다. 이를 통상적으로 외형이론이라고 한다. 한편, 제삼자는 가해행위를 한 피용자와 그 사용자를 제외한 모든 권리 주체를 의미한다.

손해배상
[대법원 1966. 9. 20,, 선고, 66다1166, 판결]

【판시 사항】
피용자의 위조 약속어음의 발행과 사용자의 배상 책임

【판결 요지】
본조 제1항에 규정된 사용자의 배상 책임에 관한 법문 중 "피용자가 그 사무집행에 관하여"라는 구절은 그 구체적인 사무가 피용자의 직무의 집행행위 자체에는 속하지 아니한다고 할지라도 그 사무집행행위를 외형적으로 관찰할 때 피용자의 사무집행행위와 유의하여 그 범위 내의 행위에 속하는 것으로 보여주는 경우도 포함된다.

---

(3) 사용자가 면책 사유를 입증하지 못할 것

제756조 제1항의 단서조항에 따라, 사용자가 피용자의 선임 및 사무 감독에 상당한 주의를 한 때 또는 상당한 주의를 하여도 손해가 있을 경우에는 사용자책임을 면한다. 입증 책임은 사용자가 부담하는데 판례는 사용자의 면책을 거의 인정하고 있지 않아 사용자책임은 사실상 무과실책임이라고 본다.

5) 피용자에 대한 구상권

제756조 제3항에 따라 사용자 또는 대리감독자가 손해배상을 한 때에는 피용자에 대하여 구상권을 행사할 수 있다. 판례가 취하고 있는 대위책임설에 따르면, 사용자는 피용자가 전부 부담하여야 할 배상액을 피해자와 대외적 관계에서 부진정연대채무로서의 책임을 지는 데 불과하므로 그 금액을 피용자에게 구상할 수 있으며 구상은 전액에 대하여 할 수 있다. 한편, 자기책임설(고유책임설)을 주장하는 견해에서는 사용자가 고유책임 부분을 제외한 나머지 배상액만을 피용자에게 구상할 수 있다고 본다.

사용자책임은 사용자가 피용자를 사용함으로써 이익을 얻는 과정에서 피용자가 타인에게 손해를 가한 경우, 사용자가 그 배상 책임을 부담하는 것이 공평하다는 보상책임의 원리에 기초하고 있다. 따라서 제756조 제3항에 근거하여 사용자의 피용자에 대한 구상권을 폭넓게 인정하게 되면 최종적으로는 피용자 개인의 책임으로 돌아가게 되는 결과를 초래하게 된다. 즉, 피용자를 사용하는 과정에서 발생한 손해를 피용자에게 전가하게 되면 부당한 결과를 초래하게 된다는 점에서 구상권의 행사에 일정한 제한을 가하는 것이 신의칙에 부합하는 것이 될 것이다. 따라서 판례는 신의칙상 상당하다고 인정되는 한도 내에서만 구상할 수 있다고 하고 있다. 특히, 피용자의 가해행위가 지니는 책임성에 비하여 사용자의 가해행위에 대한 기여도가 지나치게 큰 경우에는 사용자의 피용자에 대한 구상권의 행사가 신의칙상 부당하다고 본 판례도 있다.

구상금등
[대법원 1991. 5. 10,, 선고, 91다7255, 판결]

【판시 사항】

가. 사용자가 피용자의 업무수행과 관련하여 행해진 불법행위로 인하여 입은 손해배상이나 구상권을 그 피용자에게 행사할 수 있는 범위

나. 렌터카 회사의 야간경비원이 업무수행과 관련하여 회사 소유의 렌터카를 운전하다가 일으킨 교통사고로 인하여 회사가 사용자로서 손해배상 책임을 부담한 경우에 있어, 피용자인 위 경비원의 가해행위가 지니는 책임성에 비하여 사용자의 가해행위에 대한 기여도 내지 가공도가 지나치게 큰 점 등에 비추어 사용자로서의 피용자의 상속인과 그 신원보증인에 대한 구상권 행사가 신의칙상 부당하다고 본 사례

【판결 요지】

가. 일반적으로 사용자가 피용자의 업무수행과 관련하여 행해진 불법행위로 인하여 직접 손해를 입었거나 그 피해자에게 사용자로서의 손해배상 책임을 부담한 결과로 손해를 입게 된 경우에 있어 사용자는 그 사업의 성격과 규모, 시설의 현황, 피용자의 업무 내용, 근로조건이나 근무태도, 가해행위의 상황, 가해행위의 예방이나 손실의 분산에 관한 사용자의 배려 정도, 기타 제반 사정에 비추어 손해의 공평한 분산이라는 견지에서 신의칙상 상당하다고 인정되는 한도 내에서만 피용자에 대하여 위 손해배상이나 그 구상권을 행사할 수 있다고 보아야 한다.

나. 렌터카 회사의 야간경비원이 업무수행과 관련하여 회사 소유의 렌터카를 운전하다가 일으킨 교통사고로 인하여 회사가 사용자로서 손해배상 책임을 부담한 경우에 있어, 피용자인 위 경비원의 가해행위가 지니는 책임성에 비하여 사용자의 가해행위에 대한 기여도 내지 가공도가 지나치게 큰 점 등에 비추어 사용자로서의 피용자의 상속인과 그 신원보증인에 대한 구상권 행사가 신의칙상 부당하다고 본 사례

6) 도급인의 책임과의 관계

민법 제757조(도급인의 책임)

도급인은 수급인이 그 일에 관하여 제삼자에게 가한 손해를 배상할 책임이 없다. 그러나 도급 또는 지시에 관하여 도급인에게 중대한 과실이 있는 때에는 그러하지 아니하다.

민법 제757조 규정에 따라 도급인은 수급인이 그 일에 관하여 제삼자에게 가한 손해에 대하여 배상할 책임을 지지 않는다. 이러한 손해에 대한 배상 책임은 수급인이 민법 제750조에 따른 일반불법행위 책임이다. 그러나 제757조 단서 규정에서 명시하고 있듯이, 도급 또는 지시에 관하여 도급인에게 중대한 과실이 있는 때에는 손해배상 책임을 부담하며, 이를 도급인의 책임이라고 한다.

일반적으로 도급인과 수급인 사이에는 지휘·감독의 관계가 없으므로 도급인은 수급인이나 수급인의 피용자의 불법행위에 대하여 사용자로서의 배상 책임은 없는 것이라고 할 수 있다. 그러나 도급인이 수급인에 대하여 특정한 행위를 지휘하거나 특정한 사업을 도급시키는 경우와 같이 이른바 노무도급의 경우에는 도급인이라고 하더라도 사용자로서 배상 책임이 있다고 할 것이다.

손해배상
[대법원 1983. 2. 8,, 선고, 81다428, 판결]

【판시 사항】

가. 노무도급의 경우 도급인의 사용자 책임 […]

【판결 요지】

가. 일반적으로 도급인과 수급인 사이에는 지휘감독의 관계가 없으므로 도급인은 수급인이나 수급인의 피용자의 불법행위에 대하여 사용자로서의 배상 책임이 없는 것이라 하겠으나, 도급인이 수급인에 대하여 특정한 행위를 지휘하거나 특정한 사업을 도급시키는 경우와 같은 이른바 노무도급의 경우에 있어서는 도급인이라 하더라도 사용자로서의 배상 책임이 있다 할 것이다.

4. 공작물의 점유자 및 소유자의 책임

1) 의의

> **민법 제758조(공작물 등의 점유자, 소유자의 책임)**
> ① 공작물의 설치 또는 보존의 하자로 인하여 타인에게 손해를 가한 때에는 공작물점유자가 손해를 배상할 책임이 있다. 그러나 점유자가 손해의 방지에 필요한 주의를 해태하지 아니한 때에는 그 소유자가 손해를 배상할 책임이 있다.
> ② 전 항의 규정은 수목의 재식 또는 보존에 하자 있는 경우에 준용한다.
> ③ 전 2항의 경우에 점유자 또는 소유자는 그 손해의 원인에 대한 책임 있는 자에 대하여 구상권을 행사할 수 있다.

제758조는 고의 또는 과실이라는 요건을 규정하고 있지 않다. 가해행위가 아닌 공작물의 하자와 손해와의 관련성에 근거하는 위험책임으로서 점유자 또는 소유자가 부담하는 책임의 성질에는 차이가 있다. 점유자가 필요한 주의의무를 다하였음을 입증하게 되면, 소유자는 고의 또는 과실이 없더라도 법률상의 책임을 지게 되므로 무과실책임을 부담한다. 점유자는 본인이 필요한 주의의무를 다하였음을 입증하게 하고 있어 중간책임이라고 할 수 있다.

공작물 점유자 또는 소유자의 책임을 가중하는 근거는 위험책임의 원리에 있다. 즉, 위험성이 많은 공작물을 관리하거나 소유하는 자는 위험방지에 충분한 주의를 하여야 하며, 위험이 현실화되어 손해가 발생한 경우에는 그에게 배상 책임을 부담시키는 것이 공평하다는 것이다. 판례는 위험책임의 법리에 따라 책임이 가중된 형태라고 보고 있다. 한편, 공작물의 점유자나 소유자가 아닌 시공자의 경우, 시공자의 구체적인 과실이 입증된다면 민법 제750조의 책임을 부담할 수 있다고 판시하고 있다. 다시 말해, 민법 제758조와 민법 제750조에 의한 책임에 의하여 다수의 가해자들이 공동불법행위 책임을 부담할 수 있고, 부진정연대채무관계에 놓인다.

공작물의 설치 또는 보존의 하자로 인하여 타인에게 손해를 가한 때에는 우선 1차적으로 그 공작물의 점유자가 손해배상 책임을 부담하고, 그가 손해의 방지에 필요한 주의를 다한 경우에는 면책된다. 이 경우, 2차적으로 소유자가 배상 책임을 부담한다. 판례는 점유자가 주의의무를 해태하지 않았음에 대한 입증을 인정하여 소유자에게 책임을 부담시키는 경우를 인정하고 있다. 따라서 소유자의 경우에는 본인이 필요한 주의의무를 다하였다는 입증을 요하고 있지 않으며, 최종적으로 책임을 부담하게 된다.

2) 성립요건

(1) 공작물로 인한 손해 발생

공작물이란 인공적 작업에 의하여 제작된 물건을 말한다. 건물, 도로, 다리, 철도, 전신주, 제방, 터널 등과 같이 토지에 부착하여 설치된 토지상 공작물뿐만 아니라 계단, 엘리베이터, 광고판 등 건물 내의 설비 및 자동차 등과 같은 동적인 기업설비도 공작물에 해당한다. 따라서 자동차보험의 경우에 있어서 공작물책임에 따른 법률상 배상 책임도 보상하여야 한다. 민법 제758조 제2항에 따라 수목의 하자도 공작물책임이 적용된다. 한편, 공작물을 국가나 지방자치단체가 설치하여 관리하는 경우에는 국가배상법 제5조가 적용된다.

(2) 설치·보존의 하자

하자는 공작물이 그 용도에 따라 통상 갖추어야 할 안전성을 갖추지 못한 상태를 의미한다. 판례는 사회 통념상 일반적으로 요구되는 정도의 것을 말하며, 항상 완전무결한 상태를 유지할 정도의 고도의 안전성을 갖추어야 하는 것은 아니라고 하고 있다. 설치상의 하자는 공작물을 완성하기까지의 하자를 의미하고, 보존상의 하자는 설치한 이후에 관리상의 하자를 의미한다. 공작물을 이용하는 과정에서 타인에게 피해를 준 것도 하자에 포함된다. 공작물의 하자와 제삼자의 행위 또는 자연력이 경합되는 경우에도 하자로 인정된다.

제758조는 책임의 요건으로 점유자나 소유자의 고의 또는 과실을 규정하고 있지 아니하므로 피해자가 고의 또는 과실을 입증할 필요는 없다. 그러나 공작물의 하자에 대한 입증 책임은 원칙적으로 피해자에게 있다. 경우에 따라서는 사고 발생 그 자체부터 하자가 추정되는 경우도 있다. 즉, 손해가 발생하면 공작물에 하자가 있었던 것으로 추정되는 경우에는 점유자나 소유자가 하자가 없다는 반증을 하여야 하므로 사실상 입증 책임이 전환된다.

3) 면책 사유가 없을 것

점유자의 경우에는 자신이 필요한 주의의무를 다하였음을 입증하면 면책이 될 수 있다. 이때, 점유자의 책임은 입증 책임의 전환에 의한 중간책임이다. 점유자가 면책을 받게 되면 공작물 소유자가 배상 책임을 지게 되며, 소유자는 점유자와는 달리 손해의 방지에 필요한 주의를 다하였음을 입증하더라도 면책되지 않으므로 무과실책임이다.

4) 구상권

공작물의 점유자 또는 소유자가 피해자에게 배상한 경우에는 그 손해의 원인에 책임이 있는 자에 대하여 구상권을 행사할 수 있다. 공작물을 만든 수급인의 과실로 하자가 발생한 경우를 예로 들 수 있는데, 이때 점유자 또는 소유자는 동 시설물을 완공한 시공자(통상, 수급인)에게 구상청구를 할 수 있다. 이러한 경우, 도급인은 민법 제757조에 따라 도급인으로서의 책임을 부담하지는 않더라도 소유자로서 공작물의 배상 책임을 부담하고 이후에 수급인에게 구상할 수도 있다. 또한, 수급인은 피해자에 대하여 직접 민법 제750조에 의한 책임을 부담할 수도 있다.

5. 동물의 점유자의 책임

1) 의의

> **민법 제759조(동물의 점유자의 책임)**
>
> ① 동물의 점유자는 그 동물이 타인에게 가한 손해를 배상할 책임이 있다. 그러나 동물의 종류와 성질에 따라 그 보관에 상당한 주의를 해태하지 아니한 때에는 그러하지 아니하다.
>
> ② 점유자에 갈음하여 동물을 보관한 자도 전 항의 책임이 있다. 〈개정 2014. 12. 30.〉

민법 제759조에 의하여 동물의 점유자는 타인에게 배상할 책임이 있다. 조문의 규정 형식을 고려해볼 때, 동물의 점유자의 책임은 중간책임의 형태라고 본다.

2) 직접점유자의 책임

점유자 또는 점유자에 갈음하여 동물을 보관하는 자 등이 직접점유자로서 책임을 부담한다. 동물의 점유자가 아닌 소유자에 대해서는 명문의 규정이 없으나, 판례는 소유자(간접점유자)에게 과실이 있는 경우에 배상 책임을 인정하고 있다. 즉, 소유자는 간접점유자로서 민법 제759조가 아닌 제750조의 일반불법행위 책임을 부담하므로, 피해자로서는 해당 동물이 평소에 난폭하였기 때문에 소유자(간접점유자)가 미리 점유자 등에게 주의를 당부하지 않았거나, 실질적인 방지 도구(재갈 등)를 구비하지 않았다는 과실 등을 입증하여야 한다.

손해배상
[대법원 1981. 2. 10,, 선고, 80다2966, 판결]

【판시 사항】
도사견 소유자가 이를 타인에게 빌려주는 경우의 주의의무
【판결 요지】
도사견은 성질이 난폭하여 사람에게 피해를 입힐 위험이 크므로 그 소유자가 이를 타인에게 빌려주는 경우에는 그가 도사견을 안전하게 보관·관리할 수 있는 시설을 갖추고 있는지 여부를 확인하여야 할 주의의무가 있다.

---

3) 제삼자에 대한 구상권

점유자나 소유자 등은 손해를 배상한 이후 그 손해의 원인이 있는 자에 대하여 구상권을 행사할 수 있다. 예를 들어, 재갈 등을 부실하게 만든 제조업자 등이 이에 해당한다.

6. 공동불법행위 책임

1) 의의

> **민법 제760조(공동불법행위자의 책임)**
> ① 수인이 공동의 불법행위로 타인에게 손해를 가한 때에는 연대하여 그 손해를 배상할 책임이 있다.
> ② 공동 아닌 수인의 행위 중 어느 자의 행위가 그 손해를 가한 것인지를 알 수 없는 때에도 전 항과 같다.
> ③ 교사자나 방조자는 공동행위자로 본다.

여러 사람이 공동으로 불법행위를 하여 타인에게 손해를 가하는 행위를 공동불법행위라고 한다. 민법 제760조에 따라, 공동불법행위자는 연대하여 손해배상 책임을 부담한다.

공동불법행위자의 책임은 각자가 채권자에 대하여 전부의 손해배상 책임을 지는 부진정연대채무로 보고 있다. 공동불법행위자에게 연대 책임을 부담하게 하는 취지는 가해자들 각자의 행위에 대한 경중을 문제 삼기 이전에 피해자가 가해자 누구에게나 배상금을 전부 받을 수 있도록 함으로써 피해자를 보호하기 위함이다.

민법 제760조는 공동불법행위를 관여도의 정도에 따라 3가지로 구분하고 있으며, 각각 제1항, 제2항, 제3항에 규정하고 있다.

2) 유형 및 성립요건

(1) 협의의 공동불법행위(민법 제760조 제1항)

수인이 공동의 불법행위로 타인에게 손해를 가하는 경우이다. 통설과 판례는 각자가 일반적인 불법행위의 요건을 갖추는 경우라고 하고 있다. 즉, 각각의 가해자에게 고의 또는 과실 및 책임능력이 있어야 하며, 손해와의 사이에 인과관계가 있어야 하는 것으로 해석된다.

또한, 수인에 의한 "공동의 불법행위"라고 명시하고 있으므로 협의의 공동불법행위가 성립하기 위해서는 각 행위자의 가해행위 사이에 관련성 또는 공동성이 있어야 한다. 공동이라는 의미는 모의나 공동의 인식이 있어야만 하는 것은 아니고 개개인 사이에 객관적인 연관이 있으면 된다.

한편, 제760조 제1항의 불법행위는 각각의 행위가 불법행위 요건을 충족해야 한다. 판례는 각 행위가 독립하여 불법행위 요건을 갖추고 있으면서 객관적으로 관련되고 공동하여 위법하게 피해자에게 손해를 가한 것으로 인정된다면, 공동불법행위가 성립되어 공동불법행위자들이 연대하여 그 손해를 배상할 책임이 있다고 보았다.

(2) 가해자 불명의 공동 불법행위(민법 제760조 제2항)

민법 제760조 제2항에서의 '공동 아닌'의 의미는 우연히 같은 결과를 가져온 것을 말한다. 즉, 제1항에서 말하는 공동의 불법행위로 보기에 부족한, 여러 사람의 행위가 경합하여 손해가 생긴 경우를 말한다.

입증 책임을 덜어줌으로써 피해자를 보호하려는 입법 정책상의 고려에 따라 각각의 행위와 손해 발생 사이의 인과관계를 법률상 추정한 것으로, 대법원은 개별 행위자가 자기의 행위와 손해 발생 사이에서 인과관계가 존재하지 아니함을 입증하면 면책되고, 손해의 일부가 자신의 행위에서 비롯된 것이 아님을 입증하면 배상 책임이 그 범위로 감축된다고 하였다.

판례는 다중 추돌로 사망한 경우, 다수의 의사가 의료행위에 관여한 경우 등에 이를 적용한 바 있다.

구상금
[대법원 2008. 4. 10,, 선고, 2007다76306, 판결]

【판시 사항】

[2] 차량 등의 3중 충돌사고로 사망한 피해자가 그 중 어느 충돌사고로 사망하였는지 정확히 알 수 없는 경우, 위 충돌사고 관련자 중 1인이 민법 제760조 제2항에 따른 공동불법행위책임을 면하려면 자기의 행위와 위 손해 발생 사이에 상당인과관계가 존재하지 아니함을 적극적으로 주장·입증하여야 한다고 본 사례

【판결 요지】

[2] 차량 등의 3중 충돌사고로 사망한 피해자가 그 중 어느 충돌사고로 사망하였는지 정확히 알 수 없는 경우, 피해자가 입은 손해는 민법 제760조 제2항에서 말하는 가해자 불명의 공동불법행위로 인한 손해에 해당하여 위 충돌사고 관련자들의 각각의 행위와 위 손해 발생 사이의 상당인과관계가 법률상 추정되므로, 그중 1인이 위 법 조항에 따른 공동불법행위자로서의 책임을 면하려면 자기의 행위와 위 손해 발생 사이에 상당인과관계가 존재하지 아니함을 적극적으로 주장·입증하여야 한다고 한 사례

---

(3) 불법행위를 교사 또는 방조한 경우(민법 제760조 제3항)

교사란 가해행위를 지시한 자를 의미하고, 방조란 가해행위를 도와준 것을 의미한다. 이러한 경우에도 역시 공동불법행위자가 된다.

3) 공동불법행위자의 책임

(1) 책임의 연대성 및 배상의 범위

민법 제760조에서 규정하고 있는 세 종류의 공동불법행위에서 공동불법행위자는 타인이 입은 손해에 대해 연대하여 배상할 책임을 지며, 타인이 입은 손해에 대하여 가해자 각자가 전부 급부의무를 부담한다. 가해자가 여러 명인 경우 피해자는 가해자들 중 아무에게나 손해배상금 전액을 청구할 수 있다는 의미이다.

한편, 민법은 제760조에서 공동불법행위자들에 대하여 연대하여 배상할 책임이 있다고 엄연히 명문으로 규정하고 있음에도 불구하고, 판례는 이 경우 '연대'의 의미를 연대채무가 아닌 부진정연대채무로 해석하고 있다. 즉, 연대채무자 1인에게 생긴 사유는 채권을 만족시키는 사유를 제외하고는 다른 채무자에게 영향을 주지 않는다. 다시 말해, 공동불법행위자 중 1인이 다른 공동불법행위자에 비해 불법행위에 가공한 정도가 경미하더라도 그 가해자의 책임 범위를 손해배상액의 일부로 제한하여 인정하지 않고 손해액 전부에 대하여 책임을 진다.

또한, 공동불법행위자 사이에 일방만이 배상 책임을 지기로 특약을 하더라도 다른 공동불법행위자가 피해자에 대해 면책되는 것은 아니다.

(2) 구상권의 발생

공동불법행위에 의해 손해가 발생한 경우, 피해자는 다수의 공동불법행위자를 상대로 하여 그중 1인에게서 손해배상액을 충분히 변상받으면 그만이다.

이때, 가해자 1인이 피해자의 모든 손해를 배상하게 되면, 손해배상을 전부 변제한 가해자는 자신이 부담해야 할 책임 비율을 제외하고 다른 공동불법행위자에게 금액을 청구할 수 있다. 구상과 관련하여서는 중복 지급 문제와 변제의 전제로서 통지가 필요한지 여부가 쟁점이 될 수 있다. 즉, 구상과 관련하여 피해자가 동시에 여러 명을 상대로 자신이 지급받을 수 있는 손해배상액 이상을 지급받는 경우에 있어서, 어떻게 중복 지급을 막을 수 있는지와 관련한 논의가 있을 수 있다. 즉, 공동불법행위자 상호 간에 지급과 관련한 통지가 있어야 하는지에 대한 의문이다.

만약, 전체손해액이 1,000만 원인 상황에서 A가 800만 원을 지급하고, 이후에 B가 500만 원을 지급한 상황이라면, A와 B 및 피해자는 어떻게 이를 정리하여야 하는지가 문제 될 것이다.

판례는 부진정연대채무에 있어서는 통지의 규정이 적용되지 아니한다고 한다. 따라서 먼저 지급한 쪽의 변제는 유효하며, B는 피해자에게 300만 원을 반환 청구하여야 한다. 피해자의 보호를 위하여 서로 먼저 변제하게 하도록 하기 위함이라는 점에서 법리적으로 타당하겠으나, 실무적으로는 고액의 변제금을 지급함에 있어서는 항상 공동불법행위자에게 금액 지급 여부 등에 관해 확인하는 것이 바람직할 것이다.

(3) 보험자대위와의 관계

예를 들어, 손해액이 1,000만 원이라고 하고 가해자로 A와 B가 있는 경우에, 피해자는 A에게 1,000만 원을 청구할 수도 있고 B에게 1,000만 원을 청구할 수도 있다. 또한, 피해자는 A에게 500만 원, B에게 500만 원을 청구할 수도 있다. 통상적으로 피해자는 A와 B 모두를 상대로 청구하되 둘 중 경제적인 지급능력이 큰 사람으로부터 1,000만 원을 지급받는다. 만약, 가해행위에서 A가 70%의 책임을 부담하고, B가 30%의 책임을 부담하는 상황에서 A가 손해액의 전부인 1,000만 원을 지급하였다면, A는 B에게 300만 원을 청구할 수 있다.

이와 같은 규정은 피해자를 두텁게 보호하기 위함이다. 만약, A와 B가 연대 의무에 놓이지 않으면 피해자는 A에게 700만 원을 청구하고 B에게는 300만 원을 각각 청구하여야 하는데, 이때 만약 B가 자력이 없다면 피해자는 300만 원을 보전받지 못하게 된다. 본 규정을 통해 무자력의 위험은 가해자들이 부담하게 된다.

일반배상 책임보험에서는 보상한도가 정해져 있는 경우가 많아, 소송이 제기되기는 경우에는 조금 복잡한 상황이 발생된다. 예를 들어, 원고인 피해자가 가해자인 A와 B 및 A의 보험자인 K 회사(영업배상 책임보험 한도 3천만 원)를 상대로 손해배상소송을 제기하였다고 가정해보자. 만약 손해배상액이 1천만 원이었고, A가 60%, B가 40% 책임을 부담한다면 원고인 피해자는 가장 쉽게 돈을 받을 수 있는 K 회사에 금원을 청구하게 된다. 이 경우, K 회사는 1천만 원을 원고에게 지급하고, B에게 400만 원을 달라고 공동불법행위자 구상 청구하게 된다. 그러나 손해배상액이 1억 원인 경우를 생각해보자.

이 경우, K 회사는 3천만 원을 지급하고, A와 B는 합쳐서 나머지 7천만 원의 손해를 배상하여야 한다. A가 7천만 원을 원고에게 지급한 경우라면, A는 K 보험회사가 부담한 3천만 원을 포함하여 총 1억 원을 부담하였으므로, B에게 4천만 원을 청구할 수 있다. 만약, A가 B로부터 4천만 원을 받는다고 하면, 이 금액은 모두 A가 가져간다. K 보험회사는 피보험자를 해하지 아니하는 범위 내에서 보험자 대위를 할 수 있으므로, A가 우선하게 된다.

(4) 과실상계

판례는 대체로 피해자에게 과실이 있어 이를 이유로 과실상계를 하는 경우에, 피해자의 공동불법행위자 각자에 대한 과실비율이 서로 다르더라도 피해자의 과실을 공동불법행위자 각자에 대한 과실로 평가할 것은 아니고 가해자 전원에 대한 과실을 전체적으로 평가하여야 할 것이라고 보고 있다. 나아가, 공동불법행위자 중 일부만을 상대로 손해배상을 청구한 경우에도 과실상계를 함에 있어 참작해야 할 쌍방의 과실은 공동불법행위자 전원의 피해자에 대한 과실과 피해자의 공동불법행위자 전원에 대한 과실을 전체적으로 평가하여야 한다고 한다.

약정금
[대법원 2007. 6. 14,, 선고, 2005다32999, 판결]

【판시 사항】

[3] 공동불법행위책임에 대한 과실상계에 있어 피해자의 공동불법행위자 각인에 대한 과실비율이 서로 다른 경우, 피해자 과실의 평가 방법 […]

【판결 요지】

[3] 공동불법행위의 경우 법원이 피해자의 과실을 들어 과실상계를 함에 있어서는 피해자의 공동불법행위자 각인에 대한 과실비율이 서로 다르더라도 피해자의 과실을 공동불법행위자 각인에 대한 과실로 개별적으로 평가할 것이 아니고 그들 전원에 대한 과실로 전체적으로 평가하여야 한다.

한편, 공동불법행위자 별로 평가를 별개로 한 판례도 있으며, 사용자책임에 있어 사용자와 피용자는 부진정연대채무를 부담하지만, 과실상계는 사용자와 피용자에 대해 각각 별도로 한 판례도 있다.

손해배상(산)
[대법원 1992. 2. 11., 선고, 91다34233, 판결]

【판시 사항】

다. 위 '가' 항의 경우 공동불법행위자인 한국전력주식회사와 건설회사의 손해배상액을 산정함에 있어 참작할 피해자의 과실 비율을 공동불법행위자별로 다르게 본 원심의 조치를 수긍한 사례 […]

【판결 요지】

다. 위 '가' 항의 경우 공동불법행위자인 한국전력주식회사와 건설회사의 손해배상액을 산정함에 있어 참작할 피해자의 과실 비율을 공동불법행위자별로 다르게 보아 건설회사에 대한 관계에서는 55%, 한국전력주식회사에 대한 관계에서는 80%로 하여 상계한 원심의 조치를 수긍한 사례

대여금
[대법원 1994. 2. 22,, 선고, 93다53696, 판결]

【판시 사항】

가. 피용자의 손해배상 의무와 사용자의 손해배상 의무의 범위가 과실상계의 결과 각기 달라질 수 있는지 여부

【판결 요지】

가. 고의 또는 과실로 인한 위법행위로 타인에게 직접 손해를 가한 피용자 자신의 손해배상 의무와 그 사용자의 손해배상 의무는 별개의 채무일 뿐만 아니라 불법행위로 인한 손해의 발생에 관한 피해자의 과실을 참작하여 과실상계한 결과 피용자와 사용자가 피해자에게 배상하여야 할 손해액의 범위가 각기 달라질 수 있다.

제8장

특칙으로서의 명예훼손

1. 기본 개념 및 구성 체계

민법 제764조는 명예훼손의 경우의 특칙으로서 '명예'를 보호법익으로써 규정하고 있다. '명예'의 주체로는 자연인뿐 아니라 법인, 법인격이 없는 단체를 포함한다.

여기에서 의미하는 '명예'란 구체적으로 자연인이나 법인을 불문하고 사람의 품성, 덕행, 명성, 신용 등 세상으로부터 받는 객관적인 평가를 가리킨다. 따라서 명예를 훼손한다는 것은 통상 그 사람이 사회로부터 받는 객관적인 평가를 침해하는 것을 의미한다.

손해배상등(기)
[대법원 1988. 6. 14., 선고, 87다카1450, 판결]

【판시 사항】

가. 민법 제764조 소정의 '명예'의 의미 […]

【판결 요지】

가. 민법 제764조에서 말하는 명예란 사람의 품성, 덕행, 명예, 신용 등 세상으로부터 받는 객관적인 평가를 말하는 것이고 특히 법인의 경우 그 사회적 명예, 신용을 가리키는 데 다름없는 것으로 명예를 훼손한다는 것은 그 사회적 평가를 침해하는 것을 말한다.

2. 명예훼손의 유형 및 발생 태양

　명예훼손의 유형은 침해의 구체적인 내용이 진실인지 여부에 따라 ① 사실적시에 의한 명예훼손과 ② 허위사실적시에 의한 명예훼손으로 구분할 수 있다. 나아가, 명예훼손의 구체적인 수단에 따라 ① 일반 명예훼손, ② 언론 및 출판물에 의한 명예훼손, ③ 정보통신망(사이버)에 의한 명예훼손으로 그 유형을 세분화할 수도 있다.

　타인에 대한 명예훼손은 ① 사실을 적시하는 방법으로 행해질 수도 있고, ② 의견을 표명하는 방법으로 행해질 수도 있다. 어떤 의견의 표현이 그 전제로서 사실을 직접적으로 표현한 경우뿐만 아니라 간접적이고 우회적인 방법에 의하더라도 그 표현의 전 취지에 비추어 어떤 사실의 존재를 암시하고 또 이로써 특정인의 사회적 가치 내지 평가를 침해할 가능성이 있으면 명예훼손으로 인정된다.

　피해자가 구체적으로 특정되어야 하는가에 대해서는 표현 중에서 피해자를 특정할 수 있는 요소가 명시되지 않더라도 제반 사정을 보아서 어떤 사람에 대한 것인지 알 수 있으면 족하다고 본다.

손해배상등
[대법원 2000. 7. 28., 선고, 99다6203, 판결]

【판시 사항】

[1] 의견 또는 논평을 표명하는 표현행위가 민법상 불법행위가 되는 명예훼손에 해당하는지 여부에 대한 판단 기준 […]

【판결 요지】

[1] 민법상 불법행위가 되는 명예훼손이란 사람의 품성, 덕행, 명성, 신용 등 인격적 가치에 대하여 사회로부터 받는 객관적인 평가를 침해하는 행위를 말하고, 그와 같은 객관적인 평가를 침해하는 것인 이상, 의견 또는 논평을 표명하는 표현행위에 의하여도 성립할 수 있는바, 다만 단순한 의견 개진만으로는 상대방의 사회적 평가가 저해된다고 할 수 없으므로, 의견 또는 논평의 표명이 사실의 적시를 전제로 하지 않은 순수한 의견 또는 논평일 경우에는 명예훼손으로 인한 손해배상 책임은 성립되지 아니하나, 한편 여기에서 말하는 사실의 적시란 반드시 사실을 직접적으로 표현한 경우에 한정할 것은 아니고, 간접적이고 우회적인 표현에 의하더라도 그 표현의 전 취지에 비추어 그와 같은 사실의 존재를 암시하고, 또 이로써 특정인의 사회적 가치 내지 평가가 침해될 가능성이 있을 정도의 구체성이 있으면 족하다.

3. 민법상 불법행위와 명예훼손

1) 주요 쟁점

명예훼손 책임과 관련한 주요 쟁점으로 '개인의 명예'와 '언론의 자유 또는 표현의 자유'라는 두 법익의 충돌을 조정하고 한계를 설정하는 것이 문제 된다.

'개인의 명예'는 인간의 존엄성에 기한 것으로 사회 존재인 사람이 인간답고 행복하게 살아가기 위해서 보호되어야 하는 중요한 법익이다. 구체적으로 헌법 제10조의 인격권 및 행복추구권, 헌법 제17조 사생활의 비밀과 자유 등에 근거하고 있다. 한편, '표현의 자유'는 국민이 국가의 주인인 민주주의 사회에서 공적인 영역에 대하여 목소리를 낼 수 있는 자유를 뜻한다. 표현의 자유 및 알 권리는 한 국가의 존립과 관련된 법익으로서 매우 중차대한 의미를 가지고 있다.

민법상 불법행위로서 '명예훼손'이 가지는 의미는 무엇보다도 손해배상 법제의 목적과 기능에서 찾을 수 있다. 즉, 인체 손해 및 정신적 손해의 경우 '인간의 존엄성과 생존권에 대한 보장'의 기능을 수행하며, 재산손해의 경우 '사유재산제도의 2차적 보장기능'을 담당한다고 할 것이다.

손해배상은 현실적으로 발생한 손해를 금전으로 전보해 주는 제도
이지만, 가해자가 야기한 손해에 한해서 그리고 사회적으로 상당성이
인정되는 범위 내의 손해에 한하여만 배상의무를 부과한다. 따라서 발
생한 모든 손해를 배상해 주는 것이 법의 목적이 아니므로 규범적, 정
책적 판단이 필연적으로 요구된다. 즉, 사회생활에서 생기는 손해를 가
해자와 피해자 사이에서 정의에 맞게 분배하는 것이 중요하다. 이러한
맥락에서 법원은 손해배상의 범위를 결정함에 있어서 대립되는 이해
를 정의 관념에 따라 공평하게 분담시키는 이익조정자 역할을 수행한
다고 할 것이다.

2) 이익형량(가치형량)과 법원의 역할

이익형량의 판단은 실천적 추론에서뿐만 아니라 법적 추론에서도
필수 불가결하므로 법적 판단과정 전체에 편재한다고 하여도 무방할
정도로 매우 중요한 역할을 수행한다. 명예훼손의 책임과 같이 개인들
사이의 권리와 자유, 법규범이 동등한 비중을 가지고 충돌하는 경우,
이익형량에 관한 판단을 어떻게 할 것인지, 그 기준이 오랫동안 쟁점이
되어 왔다.

대법원은 인격권으로서의 '개인의 명예 보호'라는 법 원리(법익)와 '표
현의 자유 보장'이라는 법 원리(법익)가 충돌할 때 그 조정을 어떻게 할
것인지는 구체적인 경우에 사회적인 여러 가지 이익을 비교하여 표현

의 자유로 얻어지는 이익, 가치와 인격권의 보호에 의하여 달성되는 가치를 형량하여 그 규제의 폭과 방법을 정하여야 한다고 보고 있다.

구체적으로, 법익 간의 이익을 형량함에 있어 표현의 자유가 우위성을 가지게 되는 요건으로서 ① 어떤 표현이 타인의 명예를 훼손하더라도 그 표현이 공공의 이해에 관한 사항이며 그 목적이 공공의 이익을 위한 것일 것(공공성 요건), ② 진실한 사실이거나 진실이라고 믿을 만한 상당한 이유가 있을 것(진실성 요건)을 제시하고 있다.

반면, 표현의 자유가 가지는 중요성 정도를 판단함에 있어 ① 사적인 인물에 관한 표현일 경우에는 표현의 자유보다 인격권이 상대적으로 우선하고, ② 공적인 인물이나 공공적이고 사회적인 의미를 가지는 사안의 경우에는 표현의 자유가 가지는 비중이 상대적으로 더 커지게 된다고 보았다. ③ 공적인 존재가 가지는 국가적, 사회적 영향력이 크면 클수록 그의 정치적 이념에 대한 표현의 자유는 인격권에 비해서 그만큼 더 큰 비중을 갖게 되므로 부분적인 오류나 다소의 과장이 있다고 하더라도 섣불리 불법행의 책임을 물어 언로를 봉쇄하여서는 아니 된다고 판시한 바 있다.

한편, 이러한 이익형량(가치형량)은 법 원리들 간의 비중을 측정하는 실질적이고 중요한 논거로서 활용되고 있으나, '이익형량의 교착상태' 또는 '충돌하는 법 원리 간의 중요도나 침해 강도에 대하여 근본적인 불일치'가 있는 경우, 판단에 어려움이 있다는 한계가 존재한다. 가치 다원주의 사회로 전환되어 갈수록 세계적, 종교적, 철학적 견해들 사이의 불일치가 심화될 것이라는 점에서, 이익형량의 차원에서 이러한 불일치가 효과적, 효율적으로 해소할 만한 가능성은 있는지에 대한 비판도 제기되고 있다.

3) 법익 간 한계설정에 대한 주요 심사기준

(1) 공사 영역의 구분

손해배상(기)
[대법원 2003. 7. 8., 선고, 2002다64384, 판결]

【판시 사항】

[1] 언론·출판의 자유와 명예보호 사이의 한계설정에 있어서 심사기준 […]

【판결 요지】

[1] 언론·출판의 자유와 명예보호 사이의 한계를 설정함에 있어서는, 당해 표현으로 명예를 훼손당하게 되는 피해자가 공적인 존재인지 사적인 존재인지, 그 표현이 공적인 관심 사안에 관한 것인지 순수한 사적인 영역에 속하는 사안에 관한 것인지 등에 따라 그 심사기준에 차이를 두어, 공공적·사회적인 의미를 가진 사안에 관한 표현의 경우에는 언론의 자유에 대한 제한이 완화되어야하고, 특히 공직자의 도덕성, 청렴성에 대하여는 국민과 정당의 감시기능이 필요함에 비추어 볼 때, 그 점에 관한 의혹의 제기는 악의적이거나 현저히 상당성을 잃은 공격이 아닌 한 쉽게 책임을 추궁하여서는 안 된다. […]

【전문】

나. 그러나 원심이 피고의 위법성 조각 주장을 배척한 판단 부분은 다음과 같은 이유에서 수긍할 수 없다.

(1) 언론·출판의 자유와 명예보호 사이의 한계를 설정함에 있어서는, […] 또한, 이 사건에서 피고의 제2 성명은 정당 대변인으로서의 공식적인 정치적 논평에 해당하는바, 민주정치 제도하에서는 정당 활동의 자유도 너무나 중요하여 그 보장에 소홀함이 있어서는 아니 되고, 정당의 정치적 주장에는 국민의지지를 얻기 위하여 어느 정도의 수사적인 과장표현은 용인될 수 있으므로, 정당 대변인의 정치적인 논평의 위법성을 판단함에 있어서는 이러한 특수성도고려되어야 할 것이다. […]

(2) 피해자가 당해 명예훼손적 표현의 위험을 자초한 것인지의 여부

헌재 1999. 6. 24., 97헌마265, 공보 제36호, 573 [기각]
불기소처분취소

【판시 사항】

가. 공적 인물의 공적 활동에 관한 신문 보도가 명예훼손적 표현을 담고 있는 경우 언론자유와 명예보호의 이익조정의 기준 […]

【이유】

(2) […] 역사적으로 보면, 사람의 가치에 대한 사회적 평가(명예)를 보호할 목적으로 만든 명예훼손 관련법은, 권력을 가진 자에 대한 국민의 비판을 제한·억압하는 수단으로 쓰였다. 국민의 알 권리와 다양한 사상·의견의 교환을 보장하는 언론의 자유는 민주제의 근간이 되는 핵심적인 기본권이고, 명예 보호는 인간의 존엄과 가치, 행복을 추구하는 기초가 되는 권리이므로, 이 두 권리를 비교형량 하여 어느 쪽이 우위에 서는지를 가리는 것은 헌법적인 평가 문제에 속하는 것이다.

그러므로 언론매체의 명예훼손적 표현에 위에서 본 실정법을 해석·적용할 때에는 언론의 자유와 명예 보호라는 상반되는 헌법상의 두 권리의 조정 과정에 다음과 같은 사정을 고려하여야 한다. 즉, 당해 표현으로 인한 피해자가 공적 인물인지 아니면 사인(私人)인지, 그 표현이 공적인 관심 사안에 관한 것인지 순수한 사적인 영역에 속하는 사안인지, 피해자가 당해 명예훼손적 표현의 위험을 자초(自招)한 것인지, 그 표현이 객관적으로 국민이 알아야 할 공공성·사회성을 갖춘 사실(알 권리)로서 여론형성이나 공개토론에 기여하는 것인지 등을 종합하여 구체적인 표현 내용과 방식에 따라 상반되는 두 권리를 유형적으로 형량한 비례관계를 따져 언론의 자유에 대한 한계 설정을 할 필요가 있는 것이다. 공적 인물과 사인, 공적인 관심 사안과 사적인 영역에 속하는 사안 간에는 심사기준에 차이를 두어야 하고, 더욱이 이 사건과 같은 공적 인물이 그의 공적 활동과 관련된 명예훼손적 표현은 그 제한이 더 완화되어야 하는 등 개별사례에서의 이익형량에 따라 그 결론도 달라지게 된다.

4) 위법성의 판단

> **형법 제310조(위법성의 조각)**
> 제307조 제1항의 행위가 진실한 사실로서 오로지 공공의 이익에 관한 때에는 처벌하지 아니한다.

진실성과 공공성이 입증되는 경우 위법성이 조각되어 처벌하지 않는다. 보도내용이 진실한 사실로서 오로지 공공의 이익에 관한 경우가 대표적이다. 한편, 진실한 사실이거나 진실이라고 믿음에 상당한 이유가 있는 경우가 존재할 수 있다. 예를 들면, 수사기관의 공개내용을 그대로 믿은 경우 판례는 위법성이 없다고 보고 있다.

다만, 언론매체의 보도를 통한 명예훼손에 있어서 행위자가 보도 내용이 진실이라고 믿을 만한 상당한 이유가 있는지의 여부는 적시된 사실의 내용, 진실이라고 믿게 된 근거나 자료의 확실성과 신빙성, 사실확인의 용이성, 보도로 인한 피해자의 피해 정도 등 여러 사정을 종합하여 행위자가 보도 내용의 진위 여부를 확인하기 위하여 적절하고도 충분한 조사를 다 하였는가, 그 진실성이 객관적이고도 합리적인 자료나 근거에 의하여 뒷받침되는가 하는 점에 비추어 판단하여야 한다고 판시하고 있다.

따라서 허위사실적시에 의한 명예훼손에는 적용되지 않는다. 이때, 사실을 적시한 자가 허위의 사실을 진실로 오인한 경우가 문제 된다. 대법원은 이러한 경우 "적어도 행위자가 그 사실을 진실한 것으로 믿었고, 또 그렇게 믿을 만한 상당한 이유가 있어야 할 것이며, 한편 그것이 진실한 사실로서 오로지 공공의 이익에 관한 때에 해당된다는 점은 행위자가 증명하여야 한다."라고 밝히고 있다. 위법성 조각에 대한 입증 책임은 과실책임주의를 따른다.

5) 명예훼손 및 침해 여부의 판단

표현의 전체적 구성과 내용 흐름을 종합적으로 판단하여 독자나 시청자에게 어떤 인상을 주는가로 판단한다. 법원은 신문, 텔레비전 방송 보도 등 언론매체의 보도가 특정인의 명예를 훼손하는 내용을 담고 있는지의 여부는 당해 방송 보도의 '객관적인 내용'과 아울러 보도의 전체적인 흐름 등을 전체적으로 고려하여 그 보도 내용이 주는 '전체적인 인상'도 그 판단의 기준으로 삼아야 한다고 보고 있다.

이때, 표현내용이 타인의 외부적 평가를 저해하는 것으로 해석되어야 함에 주의하여야 한다. '단순한 의견의 개진'만으로는 상대방의 사회적 평가가 저해된다고 할 수 없다. 따라서 의견 또는 논평의 표명이 사실의 적시를 전제로 하지 않은 순수한 의견 또는 논평일 경우에는 명예훼손으로 인한 손해배상 책임은 성립되지 않는다. 한편, 사실을 적시하는 의견 또는 논평은 명예훼손이 될 수 있다.

사실의 보도와 의견표명의 구분에 있어 공공의 이해에 관한 사항이나 일반 공중의 관심 사항에 관하여 의견을 표명한 경우에는 공정한 논평에 해당하는 한 명예훼손이 성립하지 않는다고 보고 있다.

【판시 사항】

[…] [3] 표현행위가 명예훼손과 관련하여 문제가 되는 경우, 사실 적시와 의견 또는 논평 표명의 구별 필요성과 구별 기준

【판결 요지】

[3] 의견 또는 논평을 표명하는 표현행위로 인한 명예훼손에 있어서는 그 의견 또는 논평 자체가 진실인가 혹은 객관적으로 정당한 것인가 하는 것은 위법성 판단의 기준이 될 수 없고, 그 의견 또는 논평의 전제가 되는 사실이 중요한 부분에 있어서 진실이라는 증명이 있는가, 혹은 그러한 증명이 없다면 표현행위를 한 사람이 그 전제가 되는 사실이 중요한 부분에 있어서 진실이라고 믿을 만한 상당한 이유가 있는가 하는 것이 위법성 판단의 기준이 되는 것이므로, 어떠한 표현행위가 명예훼손과 관련하여 문제가 되는 경우 그 표현이 사실을 적시하는 것인가 아니면 의견 또는 논평을 표명하는 것인가, 또 의견 또는 논평을 표명하는 것이라면 그와 동시에 묵시적으로라도 그 전제가 되는 사실을 적시하고 있는 것인가, 그렇지 아니한가를 구별할 필요가 있고, 신문 등 언론매체가 특정인에 관한 기사를 게재한 경우 그 기사가 특정인의 명예를 훼손하는 내용인지 여부는 당해 기사의 객관적인 내용과 아울러 일반의 독자가 보통의 주의로 기사를 접하는 방법을 전제로 기사에 사용된 어휘의 통상적인 의미, 기사의 전체적인 흐름, 문구의 연결 방법 등을 기준으로 하여 판단하여야 할 것인데, 이는 사실 적시와 의견 또는 논평 표명의 구별, 의견 또는 논평 표명의 경우에 전제되는 사실을 적시하고 있는 것인지 여부의 판별에 있어서도 타당한 기준이 될 것이고, 아울러 사실 적시와 의견 또는 논평 표명의 구별, 의견 또는 논평 표명의 경우에 전제되는 사실을 적시하고 있는 것인지 여부의 판별에 있어서는 당해 기사가 게재된 보다 넓은 문맥이나 배경이 되는 사회적 흐름 등도 함께 고려하여야 할 것이므로, 신문 기사 가운데 그로 인한 명예훼손의 불법행위책임 인정 여부가 문제가 된 부분에 대하여 거기서 사용된 어휘만을 통상의 의미에 좇아 이해하는 경우에는 그것이 증거에 의하여 그 진위를 결정하는 것이 가능한 타인에 관한 특정의 사항을 주장하고 있는 것이라고 바로 해석되지 아니하는 경우라도 당해 부분 전후의 문맥과 기사가 게재될 당시에 일반의 독자가 가지고 있는 지식 내지 경험 등을 고려하여 볼 때 그 부분이 간접적으로 증거에 의하여 그 진위를 결정하는 것이 가능한 타인에 관한 특정의 사항을 주장하는 것이라고 이해된다면 그 부분은 사실을 적시하는 것으로 보아야 할 것이고, 이를 묵시적으로 주장하는 것이라고 이해된다면 의견 또는 논평의 표명과 함께 그 전제되는 사실을 적시하는 것으로 보아야 한다.

6) 법적 효과

민법 제764조에 따라 피해자의 청구에 의하여 손해배상에 갈음하거나 손해배상과 함께 명예훼손에 적당한 처분을 명할 수 있다. 이때, 어떠한 경우에 정정보도청구를 인용할 것인지, 손해배상에 갈음하여 정정보도청구를 인용할 것인지, 아니면 손해배상과 함께 이를 인용할 것인지가 주요 쟁점으로 문제 된다.

법원 실무는 대체로 명예훼손을 이유로 한 손해배상 책임을 인정하는 경우에 명예회복을 위한 적당한 처분으로서 정정보도청구도 받아들이고 있다. 즉, 피고에게 금전배상을 명하는 것만으로는 훼손된 원고들의 명예를 회복하는 데 부족하다 할 것이므로, 원고는 민법 제746조에 따른 명예회복을 위한 적당한 처분으로서 정정보도문의 게재를 구할 권리가 있다는 것을 인정하고 있다. 그러나 손해배상과 정정보도 중 하나만을 인정한 판례도 존재한다.

정정보도 청구 가능하나 법원이 명하는 명예훼손에 적당한 처분에는 양심의 자유 등의 침해를 이유로 사죄광고는 포함되지 않는다.

民法 第764條의 違憲與否에 관한 憲法訴願
[전원재판부 89헌마160, 1991. 4. 1.]

【판시 사항】

1. 민법(民法) 제764조와 양심(良心)의 자유(自由) 및 인격권(人格權)의 침해(侵害) 여부

2. 민법(民法) 제764조의 해석과 '질적(質的) 일부위헌(一部違憲)'의 주문(主文)이 채택된 사례(事例)

【결정 요지】

1. 민법(民法) 제764조가 사죄광고(謝罪廣告)를 포함하는 취지라면 그에 의한 기본권제한(基本權制限)에 있어서 그 선택(選擇)된 수단(手段)이 목적(目的)에 적합(適合)하지 않을 뿐만 아니라 그 정도(程度) 또한 과잉(過剩)하여 비례(比例)의 원칙(原則)이 정한 한계(限界)를 벗어난 것으로 헌법(憲法) 제37조 제2항에 의하여 정당화(正當化)될 수 없는 것으로서 헌법(憲法) 제19조에 위반(違反)되는 동시에 헌법상(憲法上) 보장(保障)되는 인격권(人格權)의 침해(侵害)에 이르게 된다.

2. 민법(民法) 제764조 '명예회복(名譽回復)에 적당(適當)한 처분(處分)'에 사죄광고(謝罪廣告)를 포함시키는 것은 헌법(憲法)에 위반(違反)된다는 것은 의미(意味)는, 동조(同條) 소정의 처분(處分)에 사죄광고(謝罪廣告)가 포함되지 않는다고 하여야 헌법(憲法)에 위반(違反)되지 아니한다는 것으로서, 이는 동조(同條)와 같이 불확정개념(不確定槪念)으로 되어 있거나 다의적(多義的)인 해석가능성(解釋可能性)이 있는 조문에 대하여 한정축소해석(限定縮小解釋)을 통하여 얻어진 일정한 합의적(合意的) 의미(意味)를 천명한 것이며, 그 의미(意味)를 넘어선 확대(擴大)는 바로 헌법(憲法)에 위반(違反)되어 채택할 수 없다는 뜻이다.

제9장

손해배상 책임의 소멸

1. 기본 개념 및 구성 체계

> **민법 제766조(손해배상청구권의 소멸시효)**
>
> ① 불법행위로 인한 손해배상의 청구권은 피해자나 그 법정대리인이 그 손해 및 가해자를 안 날로부터 3년간 이를 행사하지 아니하면 시효로 인하여 소멸한다.
>
> ② 불법행위를 한 날로부터 10년을 경과한 때에도 전 항과 같다.

시효제도는 사실상태가 오랫동안 계속되는 경우에 그 상태가 진실한 권리관계에 합치되지 않더라도 그 사실상태로 권리관계를 인정하려는 제도이다. 소멸시효는 권리자가 그 권리를 행사할 수 있음에도 불구하고 일정한 기간(시효기간) 동안 그 권리를 행사하지 아니한 때에는 그자의 권리를 소멸시키는 제도이다,

실무에서 소멸시효가 문제 되는 경우는 상당히 많아 소멸시효에 관한 판단은 항상 중요하다. 시효가 임박하여 손해배상소송이 제기되는 경우도 많고, 최종치료를 받은 이후에 잊고 있다가 재청구가 들어오는 경우도 있다. 게다가, 보험자 대위에 의하여 구상청구를 함에 있어서도 항상 소멸시효가 지나지 않았는지를 판단해야 한다.

한편, 소멸시효와 유사한 제도로서 제척기간이 있다. 제척기간은 법

률이 정하고 있는 권리의 존속기간으로서 제척기간이 만료되면 그 권리는 당연히 소멸하므로 권리를 행사하여야 하는 기간이라고 할 수 있다. 제척기간에는 시효제도에 인정되는 중단과 정지의 제도가 없다. 따라서 제척기간 중 권리자의 권리 주장 또는 의무자의 승인이 있게 되더라도 제척기간은 중단되지 않고 계속 진행한다.

2. 소멸시효 기간

민법 제766조가 규정하고 있듯이, 불법행위로 인한 손해배상청구권은 피해자나 그 법정대리인이 그 손해 및 가해자를 안 날로부터 3년간 이를 행사하지 않거나 불법행위를 한 날로부터 10년을 경과한 때에 소멸한다. 이 기간 중 3년의 기간이 소멸시효기간임은 당연하나, 10년의 기간에 대한 법적 성질에 대해서는 다수설이 제척기간이라고 보는 데 반하여, 판례는 소멸시효기간이라고 보고 있다.

> **손해배상(기)**
> **[대법원 1996. 12. 19., 선고, 94다22927, 전원합의체 판결]**
>
> 【판시 사항】
> [1] 민법 제766조 제2항, 예산회계법 제96조가 정하는 기간이 소멸시효기간인지 여부(적극) […]
> 【판결 요지】
> [1] 민법 제766조 제2항이 규정하고 있는 '불법행위를 한 날로부터 10년'의 기간이나 예산회계법 제96조 제2항, 제1항이 규정하고 있는 '5년'의 기간은 모두 소멸시효기간에 해당한다. […]

【이유】

1. 상고이유 제1점에 대하여

민법 제766조 제2항이 규정하고 있는 '불법행위를 한 날로부터 10년'의 기간이나 예산회계법 제96조 제2항, 제1항이 규정하고 있는 '5년'의 기간은 모두 소멸시효기간에 해당한다고 할 것이므로(대법원 1979. 12. 26. 선고, 77다1894, 1895 판결, 1993. 7. 27. 선고, 93다357, 판결 참조), 위 각 기간이 제척기간으로서 시효이익의 포기 등에 관한 법리가 적용되지 않는다는 논지는 독자적 견해에 불과하여 받아들일 수 없다.

3. 소멸시효의 기산점

1) 단기소멸시효

민법 제766조 제1항은 구성요건의 실현 및 청구권의 기한 도래가 아니라 청구권자가 손해 및 배상의무자를 인식한 때로부터 시효기간을 기산함으로써 피해자를 보호하고 있다. 따라서 3년이라는 시효기간의 기산점은 피해자 또는 그 법정대리인, 다시 말해 손해배상청구권자의 사실 인식의 문제로서 손해가 발생한 사실뿐만 아니라 가해행위의 위법성까지 인식하여야 한다.

> **손해배상(기)**
> **[대법원 1995. 11. 10., 선고, 95다32228, 판결]**
>
> 【판시 사항】
> 가. 불법행위로 인한 손해배상청구권의 소멸시효 기산점이 되는 '손해 및 가해자를 안 날'의 의미 […]
> 【판결 요지】
> 가. 불법행위로 인한 손해배상청구권의 단기소멸시효의 기산점이 되는 민법 제766조 제1항 소정의 '손해 및 가해자를 안 날'이라 함은 손해가 가해자의

불법행위로 인한 것임을 안 때라고 할 것이므로, 손해 및 가해자를 알았다고 하기 위해서는 가해행위와 손해의 발생 사이에 인과관계가 있다는 것까지도 알 것을 요한다.

민법 제766조 제1항에 의한 소멸시효의 기산점인 '손해 및 가해자를 안 날'의 의미는 손해의 발생, 위법한 가해행위의 존재, 가해행위와 손해의 발생과의 사이에 인과관계가 있다는 사실 등 불법행위의 요건 사실에 대하여 현실적이고도 구체적으로 인식하였을 때를 말한다.

가해행위가 불법행위라는 점에 대해서 인식을 늦게 하는 경우, 예를 들면 교통사고의 발생 경위가 미상으로 되어 있어 가해자를 특정하지 못하고 있다가 특정인이 형사상의 유죄판결을 받게 되면 그때부터 알았다고 볼 수 있다. 그러나 가해행위 및 가해자가 명확한 경우에는 반드시 가해자에 대한 형사상의 유죄판결이 확정된 때로부터 시효가 진행하는 것으로 볼 수 있는 것은 아니다. 또한, 손해의 발생은 알아야 하는 것이지만, 손해의 정도 및 구체적인 금액까지 알아야 하는 것은 아니며, 어떠한 법률에 근거하여 손해배상을 청구할 수 있는지까지 알아야 하는 것도 아니다.

피해자 등이 언제 불법행위의 요건 사실을 현실적이고도 구체적으로 인식한 것으로 볼 수 있는지는 개별사건에서 여러 객관적 사정을 참작하고 손해배상청구가 사실상 가능하게 된 상황을 고려하여 합리적으로 인정하여야 하며, 판례는 다양한 고려요소를 검토하여 시효를 판단한다.

2) 장기소멸시효

민법 제766조 제2항에 의한 소멸시효의 기산점은 동조 제1항의 단기
소멸시효와는 다르게 불법행위를 한 날이다. 시효기간의 절대적 상한
을 이루는 10년이라는 기간에 대한 기산점과 관련하여서는 견해가 대
립하고 있다. 침해행위시설의 경우, '불법행위를 한 날'의 의미에 대하여
언제 손해가 발생하느냐 및 그에 따라 언제 손해배상청구권이 발생하
느냐와는 무관하게 가해행위가 행하여진 날로부터 진행된다고 본다.

한편, 손해 발생 시설은 가해행위와 현실적인 손해 발생 사이에 시간
적 간격이 있는 불법행위의 경우에는 손해의 결과 발생이 현실적인 것
으로 되었다고 할 수 있을 때부터 시효가 기산된다고 본다. 판례는 10
년의 소멸시효는 가해행위를 한 날, 다시 말해 불법행위를 한 날로부

터 기산점이 진행된다고 판단하였으나, 현재는 손해의 결과가 발생한 날로 판시함으로써 10년의 소멸시효가 진행하는 시점을 종래의 입장보다 늦추고 있다. 따라서 손해의 결과 발생이 잠재적인 것이 아닌 현실적인 되는 날로부터 10년의 시효기간이 진행된다.

손해배상(기)
[대법원 2005. 5. 13,, 선고,, 2004다71881, 판결]

【판시 사항】

[3] 민법 제766조 제2항의 '불법행위를 한 날'의 의미 [⋯]

【판결 요지】

[3] 불법행위에 기한 손해배상채권에 있어서 민법 제766조 제2항에 의한 소멸시효의 기산점이 되는 '불법행위를 한 날'이란 가해행위가 있었던 날이 아니라 현실적으로 손해의 결과가 발생한 날을 의미하지만, 그 손해의 결과 발생이 현실적인 것으로 되었다면 그 소멸시효는 피해자가 손해의 결과 발생을 알았거나 예상할 수 있는가의 여부에 관계없이 가해행위로 인한 손해가 현실적인 것으로 되었다고 볼 수 있는 때로부터 진행한다. [⋯]

【이유】

나. [⋯] 불법행위에 기한 손해배상채권에 있어서 민법 제766조 제2항에 의한 소멸시효의 기산점이 되는 '불법행위를 한 날'이란 가해행위가 있었던 날이 아니라 현실적으로 손해의 결과가 발생한 날을 의미하지만(대법원 1979. 12. 26., 선고, 77다1894, 1895 전원합의체 판결 참조), 그 손해의 결과 발생이 현실적인 것으로 되었다면 그 소멸시효는 피해자가 손해의 결과 발생을 알았거나 예상할 수 있는가의 여부에 관계없이 가해행위로 인한 손해가 현실적인 것으로 되었다고 볼 수 있는 때로부터 진행한다고 할 것인바(대법원 1993. 7. 27., 선고, 93다357 판결 참조) [⋯]

3) 예상외의 후유증과 소멸시효와의 관계

신체의 장해로 인한 손해배상청구권은 그 손해의 내용이나 정도 등을 예상하기 어렵고, 불법행위의 시점과 손해 발생의 시점 사이에 시간적인 간극이 존재하는 경우가 많다. 실무에서는 사고가 확인되어 배상 보험금이 지급된 이후에 장해가 뒤늦게 발생하였다고 주장하면서 추가적인 금전을 청구하는 경우가 많다.

이러한 경우, 소멸시효의 기산점은 신체장해에 따른 손해가 객관적, 구체적으로 발생한 때로 보고 있다. 판례도 통상의 경우 상해의 피해자는 상해를 입었을 때 그 손해를 알았다고 보아야 할 것이지만 그 후 후유증으로 인하여 불법행위 당시에는 전혀 예견할 수 없었던 새로운 손해가 발생하였다거나 예상외로 손해가 확대된 경우에 있어서 그러한 사유가 판명된 때에 새로이 발생 또는 확대된 손해를 알았다고 보고 있다.

이와 관련해서, 아래의 사건과 같이 가해행위로부터 10년이라는 장기소멸시효가 지난 것인지에 대한 논의가 있을 수 있다. 그러나 대법원은 현실적으로 손해의 결과가 발생한 날을 제766조 제2항에서 규정하고 있는 '불법행위를 한 날'로 보고 있으므로, 장해진단을 받았던 그 무렵을 기준으로 그 기간이 개시된다고 본다.

채무부존재확인
[대법원 2001. 1. 19,, 선고, 2000다11836, 판결]

【판시 사항】

[1] 가해행위와 이로 인한 손해의 발생 사이에 시간적 간격이 있는 불법행위에 기한 손해배상채권에 있어 소멸시효의 기산점이 되는 불법행위를 안 날의 의미

[2] 사고 당시 만 2세 남짓한 유아로서 좌족부의 성장판을 다친 피해자가 고등학교 1학년 재학 중에 담당 의사에게 진찰을 받은 결과 비로소 좌족부 변형에 따른 후유장해의 잔존 및 그 정도 등을 가늠할 수 있게 된 경우, 피해자의 법정대리인도 그때야 현실화된 손해를 구체적으로 알았다고 보아 그 무렵을 기준으로 소멸시효의 기산점을 산정한 원심의 판단을 수긍한 사례

【판결 요지】

[1] 가해행위와 이로 인한 현실적인 손해의 발생 사이에 시간적 간격이 있는 불법행위에 기한 손해배상채권에 있어서 소멸시효의 기산점이 되는 불법행위를 안 날이라 함은 단지 관념적이고 부동적인 상태에서 잠재하고 있던 손해에 대한 인식이 있었다는 정도만으로는 부족하고 그러한 손해가 그 후 현실화된 것을 안 날을 의미한다.

[2] 사고 당시 피해자는 만 2세 남짓한 유아로서 좌족부의 성장판을 다쳐 의학적으로 뼈가 성장을 멈추는 만 18세가 될 때까지는 위 좌족부가 어떻게 변형될지 모르는 상태였던 경우, 피해자가 고등학교 1학년 재학 중에 담당 의사에게 진찰을 받은 결과 비로소 피해자의 좌족부 변형에 따른 후유장해의 잔존 및 그 정도 등을 가늠할 수 있게 되었다면 피해자의 법정대리인도 그때야 현실화된 손해를 구체적으로 알았다고 보아 그 무렵을 기준으로 소멸시효의 기산점을 산정한 원심의 판단을 수긍한 사례

4) 피해자의 직접청구권 및 피보험자의 보험금청구권과 소멸시효와의 관계

피해자가 보험회사를 상대로 직접 손해배상을 청구권을 행사하는 경우에는 민법 제766조에 따라 3년, 10년의 소멸시효를 판단하면 된다. 그러나 피보험자가 피해자에게 손해배상을 한 이후에 피보험자가 보험회사에 보험금을 청구하는 경우에는 보험금청구권에 해당하므로 상법 제662조에 따라 3년의 소멸시효가 적용된다.

상법 제662조(소멸시효)

보험금청구권은 3년간, 보험료 또는 적립금의 반환청구권은 3년간, 보험료청구권은 2년간 행사하지 아니하면 시효의 완성으로 소멸한다.

[전문개정 2014. 3. 11.]

한편, 상법은 보험금청구권의 발생 시기와 소멸시효의 기산점에 대해 별도로 규정하고 있지 않아 소멸시효의 기산점에 대해서는 이를 규정한 민법 제166조 제1항에 따르게 된다. 이때, 판례는 약관에서 책임보험의 보험금청구권 발생 시기나 발생요건에 관하여 달리 정한 경우 등 특별한 다른 사정이 없는 한 원칙적으로 책임보험의 보험금청구권의 소멸시효는 피보험자의 제삼자에 대한 법률상의 손해배상 책임이 상법 제723조 제1항이 정하고 있는 변제, 승인, 화해 또는 재판의 방법 등에 의하여 확정됨으로써 그 보험금청구권을 행사할 수 있는 때로부터 진행된다고 봄이 상당하다고 하고 있다.

【판시 사항】

[2] 책임보험적 성격의 신원보증보험계약에 있어서 보험금청구권의 발생 시기 및 소멸시효 기산점(=피보험자의 손해 확정시)

【판결 요지】

[2] 책임보험의 성질에 비추어 피보험자가 보험자에게 보험금청구권을 행사하려면 적어도 피보험자가 제삼자에게 손해배상금을 지급하였거나 상법 또는 보험 약관이 정하는 방법으로 피보험자의 제삼자에 대한 채무가 확정되어야 할 것이고, 상법 제662조가 보험금의 청구권은 2년간 행사하지 아니하면 소멸시효가 완성한다는 취지를 규정하고 있을 뿐, 책임보험의 보험금청구권의 소멸시효의 기산점에 관하여는 상법상 아무런 규정이 없으므로, "소멸시효는 권리를 행사할 수 있는 때로부터 진행한다."라고 소멸시효의 기산점에 관하여 규정한 민법 제166조 제1항에 따를 수밖에 없는바, 약관에서 책임보험의 보험금청구권의 발생 시기나 발생요건에 관하여 달리 정한 경우 등 특별한 다른 사정이 없는 한 원칙적으로 책임보험의 보험금청구권의 소멸시효는 피보험자의 제삼자에 대한 법률상의 손해배상책임이 상법 제723조 제1항이 정하고 있는 변제, 승인, 화해 또는 재판의 방법 등에 의하여 확정됨으로써 그 보험금청구권을 행사할 수 있는 때로부터 진행된다고 봄이 상당하다.

따라서 보험금청구권과 관련된 소송이 제기된 경우에는 상법 제723조에 따라 화해, 조정, 판결이 확정된 때로부터 3년이라는 소멸시효가 진행된다. 이 경우 주의하여야 할 점은 판결이나 합의에 따라서 피보험자가 실제로 피해자에게 금원을 지급한 때로부터의 3년이 아니라는 점이다.

민법 제166조(소멸시효의 기산점)

① 소멸시효는 권리를 행사할 수 있는 때로부터 진행한다.

② 부작위를 목적으로 하는 채권의 소멸시효는 위반행위를 한 때로부터 진행한다.

상법 제723조(피보험자의 변제 등의 통지와 보험금액의 지급)

① 피보험자가 제삼자에 대하여 변제, 승인, 화해 또는 재판으로 인하여 채무가 확정된 때에는 지체 없이 보험자에게 그 통지를 발송하여야 한다.

② 보험자는 특별한 기간의 약정이 없으면 전 항의 통지를 받은 날로부터 10일 내에 보험금액을 지급하여야 한다.

③ 피보험자가 보험자의 동의 없이 제삼자에 대하여 변제, 승인 또는 화해를 한 경우에는 보험자가 그 책임을 면하게 되는 합의가 있는 때에도 그 행위가 현저하게 부당한 것이 아니면 보험자는 보상할 책임을 면하지 못한다.

4. 소멸시효의 중단

1) 의의

시효의 중단이란, 시효기간의 진행 중에 권리의 불행사를 중단케 하는 권리자 또는 의무자의 일정한 행위가 있는 경우 이미 경과한 시효기간을 소멸하게 하고 그때부터 다시 시효기간을 진행하게 하는 제도이다. 민법 제169조에 따라, 소멸시효의 중단은 당사자 및 그 승계인 간에만 효력이 있다. 이를테면 부진정연대채무에 있어 채무자 1인에 대한 이행의 청구는 타 채무자에 대하여 그 효력이 미치지 않는다.

한편, 주채무자에 대한 시효의 중단은 보증인에 대하여 그 효력이 있는 반면에 보증인에 대한 시효의 중단은 주채무자에 대하여 효력이 인정되지 않는다. 민법상 소멸시효의 중단 사유로는 권리자(피해자, 보험금청구권자)의 권리행사로서 청구, 압류 가압류, 가처분이 있고, 의무자(보험회사)가 진실한 권리를 인정하는 것으로 승인이 있다.[8]

---

8 법제처, "입법자료-소멸시효에 관한 연구", (1998).

민법 제168조(소멸시효의 중단사유)

소멸시효는 다음 각호의 사유로 인하여 중단된다.

1. 청구

2. 압류 또는 가압류, 가처분

3. 승인

민법 제169조(시효중단의 효력)

시효의 중단은 당사자 및 그 승계인 간에만 효력이 있다.

민법 제178조(중단 후에 시효진행)

① 시효가 중단된 때에는 중단까지에 경과한 시효기간은 이를 산입하지 아니하고 중단사유가 종료한 때로부터 새로이 진행한다.

② 재판상의 청구로 인하여 중단한 시효는 전 항의 규정에 의하여 재판이 확정된 때로부터 새로이 진행한다.

민법 제183조(종속된 권리에 대한 소멸시효의 효력)

주된 권리의 소멸시효가 완성한 때에는 종속된 권리에 그 효력이 미친다.

2) 청구 및 최고

(1) 의의

민법 제170조(재판상의 청구와 시효중단)

① 재판상의 청구는 소송의 각하, 기각 또는 취하의 경우에는 시효중단의 효력이 없다.

② 전 항의 경우에 6월 내에 재판상의 청구, 파산절차참가, 압류 또는 가압류, 가처분을 한 때에는 시효는 최초의 재판상 청구로 인하여 중단된 것으로 본다.

민법 제171조(파산절차참가와 시효중단)

파산절차참가는 채권자가 이를 취소하거나 그 청구가 각하된 때에는 시효중단의 효력이 없다.

민법 제172조(지급명령과 시효중단)

지급명령은 채권자가 법정기간 내에 가집행신청을 하지 아니함으로 인하여 그 효력을 잃은 때에는 시효중단의 효력이 없다.

민법 제173조(화해를 위한 소환, 임의출석과 시효중단)

화해를 위한 소환은 상대방이 출석하지 아니하거나 화해가 성립되지 아니한 때에는 1월 내에 소를 제기하지 아니하면 시효중단의 효력이 없다. 임의출석의 경우에 화해가 성립되지 아니한 때에도 그러하다.

민법 제174조(최고와 시효중단)

최고는 6월 내에 재판상의 청구, 파산절차참가, 화해를 위한 소환, 임의출석, 압류 또는 가압류, 가처분을 하지 아니하면 시효중단의 효력이 없다.

청구는 재판상의 청구, 파산절차참가, 지급명령, 화해·조정신청, 임의신청, 최고를 말한다. 재판상의 청구는 민사소송절차에 따라 소를 제기하는 것이다. 화해 조정신청 이후 화해가 성립하지 않으면 1월 이내에 소를 제기하여야 시효중단의 효력이 있다.

최고는 일반적인 '청구' 자체를 의미하여, 6월 이내에 다른 방법에 의한 청구 또는 압류, 가압류, 가처분 등의 방법을 취하지 않으면 시효중단의 효력이 생기지 않는다. 예를 들면, 2017년 12월 31일에 시효가 완성되는 경우, 만약 2017년 11월 1일 자로 전화로 최고(청구)를 한 이후에 2018년 4월 30일 이내로 소송을 제기하면 2017년 11월 1일 자로 시효가 중단된 것으로 본다는 것이다. 물론, 문제가 되는 경우에 구두청구를 하였다는 점에 대한 증거가 있어야 할 것이다.

최고는 소멸시효가 완성되기 이전에 상대방에게 서면으로 하는 경우에는 그 서면이 도달하여야 한다. 다시 말해, 6월의 기산점은 원칙적으로 최고가 상대방에게 도달한 때이다. 따라서 통상적으로 그 내용과 도달일시를 증명할 수 있는 내용증명 우편이 많이 이용된다. 그러나 전화로 하는 경우에도 그 최고사실을 증명할 수 있으면 된다. 반면, 소송제기의 경우에는 민사소송법 제265조에 따라 소장을 법원에 접수한 때에 시효가 중단되며 소장이 상대방에게 송달되어야 하는 것은 아니다.

> **민사소송법 제265조(소제기에 따른 시효중단의 시기)**
> 시효의 중단 또는 법률상 기간을 지킴에 필요한 재판상 청구는 소를 제기한 때 또는 제260조 제2항·제262조 제2항 또는 제264조 제2항의 규정에 따라 서면을 법원에 제출한 때에 그 효력이 생긴다.

(2) 일부 청구의 문제와 소멸시효의 중단

대법원은 손해배상청구에서의 소송물인 손해를 크게 ① 적극적 재산상 손해, ② 소극적 재산상 손해, ③ 정신적 손해(위자료)로 삼분하고 있는바, 3종류 중 1종류 또는 2종류에 대해 청구를 하는 경우, 나머지 청구에 대해서는 소 제기로 인한 시효 중단의 효력이 발생하지 않는다. 다만, 일부 청구임을 명시하고 소송을 제기한 이후에 신체 감정 등으로 확장하는 경우에는 재판상 청구 시점에서 시효의 중단이 인정된다.

3) 압류, 가압류, 가처분

민법 제175조(압류, 가압류, 가처분과 시효중단)
압류, 가압류 및 가처분은 권리자의 청구에 의하여 또는 법률의 규정에 따르지
아니함으로 인하여 취소된 때에는 시효중단의 효력이 없다.

민법 제176조(압류, 가압류, 가처분과 시효중단)
압류, 가압류 및 가처분은 시효의 이익을 받은 자에 대하여 하지 아니한 때에는
이를 그에게 통지한 후가 아니면 시효중단의 효력이 없다.

민법 제176조에 따라 압류, 가압류 및 가처분은 시효의 이익을 받은
자에 대하여 하지 아니한 때에는 이를 그에게 통지한 후가 아니면 시
효중단의 효력이 없다.

4) 승인

승인은 시효의 이익을 받을 자가 시효로 인하여 권리를 잃을 자에 대하여 그 권리를 인정하는 통지이다. 승인은 시효이익을 받을 당사자인 채무자가 그 시효의 완성으로 권리를 상실하게 될 자 또는 그 대리인에 대하여 그 권리가 존재함을 인식하고 있다는 뜻을 표시함으로써 성립한다고 할 것이며, 그 표시의 방법은 아무런 형식을 요구하지 아니하고 또한 명시적이건, 묵시적이건 불문한다.

피보험자를 위한 포괄적 대리권이 있는 보험회사가 입원비, 수술비, 통원치료비 등을 피해자에게 지급하고 또 보험가입자에게 손해배상 책임이 있음을 전제로 하여 손해배상금으로 일정 금원을 제시하는 등 합의를 시도하였다면 보험회사는 그때마다 손해배상채무를 승인하였다고 할 것이며 그 승인의 효과는 보험가입자에게 미친다.

시효의 완성 전에 채무의 일부를 변제한 경우에도 채무승인으로서의 효력이 있어 시효 중단의 효과가 발생한다. 예를 들면 가해자의 보험회사가 소멸시효 완성 전에 피해자의 치료비를 자동차손해배상 보장법의 규정에 따라 의료기관에 직접 지급한 경우(지급보증), 특별한 사정이 없는 한 보험자가 피해자에 대한 손해배상 책임이 있음을 전제로 하여 그 손해배상채무 전체를 승인한 것으로 보는 것이 상당하고 치료비와 같은 적극적인 손해에 한정하여 채무를 승인한 것으로는 볼 수 없다는 것이 판례의 입장이다. 즉, 치료비만 지급하였다고 하더라도 소극적인 손해, 위자료 등에 대하여 모두 승인하였다고 본다.

확인 학습

1. 불법행위에 관한 다음 설명 중 맞는 것은? [법무사 5회]

　　① 불법행위에 대한 주장 및 입증 책임은 피해자가 부담한다.

　　② 우리 민법은 손해배상청구에 관하여 원상회복주의에 의하고 있다.

　　③ 불법행위에 대한 손해배상청구 시부터 지체의 책임이 있다.

　　④ 법인의 불법행위능력은 인정되지 않는다.

　　　　　　　　　　　　　　　　　　　　　　　　　　　정답: ①

2. 불법행위이냐, 아니면 채무불이행이냐에 따라 차이가 있는 것은?
　　[법무사 2회]

　　① 손해배상의 범위

　　② 과실상계의 인정

　　③ 고의, 과실에 대한 입증 책임

　　④ 손해배상의 방법

　　⑤ 배상자의 대위

　　　　　　　　　　　　　　　　　　　　　　　　　　　정답: ③

3. 다음 중 불법행위로 인한 손해배상에 준용되는 규정이 아닌 것은? [법무사 7회]

　　① 민법 제399조(손해배상자의 대위)

　　② 민법 제394조(손해배상의 방법)

　　③ 민법 제391조(이행보조자의 고의, 과실)

　　④ 민법 제393조(손해배상의 범위)

　　⑤ 민법 제396조(과실상계)

　　　　　　　　　　　　　　　　　　　　　　　　　　　정답: ③

4. 과실상계에 관한 설명 중 가장 틀린 것은? [2004년 법원직]

① 채무불이행과 불법행위에 모두 적용된다.

② 피해자의 과실뿐만 아니라 그와 신분상 내지 사회생활상 일체를 이루는 관계에 있는 자의 과실도 피해자 측의 과실로 참작되어야 한다.

③ 과실상계에 있어서 과실이란, 사회 통념상, 신의성실의 원칙상, 공동생활상 요구되는 약한 부주의까지를 가리키는 것이다.

④ 피해자의 부주의를 이용하여 고의로 불법행위를 저지른 경우에도 과실상계할 수 있다.

정답: ④

5. 책임능력에 관한 다음의 설명 중 옳지 않은 것은? [법무사 3회]

① 미성년자도 책임능력이 있으면 불법행위로 인한 손해배상 책임을 진다.

② 책임능력이 없는 미성년자의 가해행위에 대하여 감독자가 감독의무를 게을리하지 않았음을 입증하지 못하면 손해배상 책임을 진다.

③ 책임능력이 있는 미성년자의 가해행위에 대하여도 감독의무자는 손해배상 책임을 지는 경우가 있다.

④ 심신상실 중에 타인에게 손해를 가한 자는 책임능력에 대한 손해배상 책임이 없다.

⑤ 손해배상을 청구하는 피해자가 부담한다.

정답: ⑤

6. 불법행위에 관한 다음의 설명 중 옳지 않은 것은? [법무사 8회]

① 미성년자는 타인에게 손해를 가한 경우에 그 행위의 책임을 변식할 지능이 없는 때에는 미성년자와 감독할 법정의무가 있는 자가 연대하여 배상할 책임이 있다.

② 도급인은 도급 또는 지시에 곤하여 도급인에게 중대한 과실이 있는 때에는 수급인이 그 일에 관하여 제삼자에게 가한 손해를 배상할 책임이 있다.

③ 판례에 의하면, 민법 제758조에 따라 공작물의 설치 또는 보존의 하자로 인하여 타인에게 가한 손해에 대하여는 원칙적으로 공작물의 점유자가 제1차적인 책임을 진다.

④ 태아는 손해배상의 청구권에 관하여는 이미 출생한 것으로 본다.

정답: ②

7. 갑(甲)이 평소 원한 감정이 있는 을(乙)을 겨냥하여 살인의 의도로 총을 쏘아 사망에 이르게 한 경우, 고의범과 과실범 중 무엇에 해당하는가?

정답: 고의에 의한 살인죄(확정적 고의범)

8. 사냥하러 총을 들고 나간 갑(甲)이 숲에서 움직이는 것이 보여 멧돼지인 줄 알고 사격을 하여 쏘아 맞혔는데 뜻밖에 사람이 맞아 죽었다면 고의범과 과실범 중 무엇에 해당하는가?

정답: 인식 없는 과실범

(이는 사격 대상이 사람이 아니라는 인식하에 사격 대상이 사람일 수도 있다는 데 대하여
주의의무를 다하지 못한 과실로 한 행위로 살인죄의 책임을 물을 수는 없을 것이고
다만 업무상과실치사죄의 책임을 물을 수 있을 것)

9. 멧돼지를 발견하고 총을 쏘려는 순간 그 부근에서 사람이 나타났다. 자신의 사격 실력으로 볼 때 사람을 맞힐 가능성은 없다고 확신하고 사격을 하였는데 뜻밖에 사람에게 맞아 그 사람이 사망에 이르렀다. 이 경우, 고의범과 과실범 중 무엇에 해당하는가?

정답: 인식 있는 과실범

(사망의 결과 발생을 인용하지 않았기 때문에 업무상과실치사죄의 책임을 질 것)

10. 사람과 멧돼지 사이의 간격이 크지 않아 멧돼지를 향하여 쏜 총알이 사람에게 맞을 가능성을 배제할 수 없는 상황 속에서 사람이 맞아도 할 수 없다는 심리 상태에서 쏘았는데 실제로 사람이 맞아 사망에 이르렀다. 이 경우, 고의범과 과실범 중 무엇에 해당하는가?

정답: 미필적 고의범(사망의 결과 발생을 인용했기 때문에 살인죄로 처벌이 될 것)

11. 고의에 관한 다음 설명 중 틀린 것은? [사법고시 38회]

① 고의란 구성요건의 실현에 관한 인식과 의사이다.

② 우리 형법 제13조의 '죄의 성립요소인 사실의 인식'이란 고의의 지적 요소만을 말하고 있기 때문에 고의의 의적 요소는 해석상 불필요하다.

③ 우리 형법은 고의책임을 원칙으로 하고 있다.

④ 고의는 지적 요소와 의적 요소의 의미 통일체이다.

정답: ②

12. 산에서 토끼를 쏘려고 총을 겨누었을 때 부근에 사람이 있는 것을 알고도 설마 맞지 않겠지 하고 총을 발사하였는데 사람이 맞았다. 다음 중 어느 경우에 해당하는가? [사법고시 17회]

① 미필적 고의

② 인식 있는 과실

③ 인식 없는 과실

④ 개괄적 고의

⑤ 무죄

정답: ②

13. 우리 민법상 무과실책임주의를 채용한 것은? [법무사 1회]

① 책임무능력자의 감독자의 책임

② 피용자의 행위로 인한 사용자의 책임

③ 공작물 등의 하자에 대한 소유자의 책임

④ 공작물의 하자에 대한 점유자의 책임

⑤ 동물의 점유자 등의 책임

정답: ③

14. 다음 중 이른바 중간적 책임에 해당하지 않는 것은? [법무사 3회]

① 책임무능력자의 감독자 책임

② 사용자 책임

③ 공작물 점유자의 책임

④ 공작물 소유자의 책임

⑤ 동물 점유자의 책임

정답: ④

15. 사용자책임에 관한 다음 설명 중 가장 틀린 것은? [법원행시 28회]

① 도급인은 수급인에 대하여 특정한 행위를 지휘하거나 특정한 사업을 도급시키는 경우와 같은 이른바 노무도급의 경우에는 비록 도급인이라고 하더라도 사용자로서 배상 책임이 있다.

② 법인의 대표자가 직무에 관하여 불법행위를 한 경우, 법인은 사용자책임을 규정한 민법 제756조 제1항에 따라 손해배상 책임을 부담한다.

③ 지입차량의 차주 또는 그가 고용한 운전자의 과실로 타인에게 손해를 가한 경우 지입회사는 이러한 불법행위에 대하여 사용자책임을 부담한다.

④ 동업 관계에 있는 자들이 공동으로 처리하여야 할 업무를 동업자중 1인에게 그 업무집행을 위임하여 그로 하여금 처리하도록 한 경우, 다른 동업자는 그 업무집행자의 동업자인 동시에 사용자의 지위에 있다 할 것이므로, 업무집행 과정에서 발생한 사고에 대하여 사용자로서의 손해배상 책임이 있다.

정답: ②

16. 사용자책임에 관한 다음 설명 중 옳지 않은 것은? [법무사 17회]

① 피용자의 불법행위가 외형상 객관적으로 사용자의 사업 활동 내지 사무집행행위 또는 그와 관련된 것이라고 보일 때에는 주관적 사정을 고려함이 없이 이를 사무집행에 관하여 한 행위로 본다.

② 사용자의 면책 사유에 관하여는 사용자 측에서 입증 책임을 진다.

③ 동업 관계에 있는 자들이 동업자 중 1인에게 그 업무집행을 위임하여 그로 하여금 처리하도록 한 경우, 그 업무집행과정에서 발생

한 손해에 대해 다른 동업자는 사용자책임을 지지 않는다.

④ 명의대여 관계의 경우, 사용자책임의 요건으로서의 사용 관계가 있느냐의 여부는 실질적으로 지휘·감독을 하였느냐의 여부와 관계 없이 객관적·규범적으로 보아 사용자가 그 불법행위자를 지휘·감독해야 할 지위에 있었느냐의 여부를 기준으로 결정하여야 한다.

정답: ③

17. 공동불법행위에 관한 다음 설명 중 옳지 않은 것은? [2010년 법원서기보]

① 법원이 피해자의 과실을 들어 과실상계를 함에 있어서는 공동불법 행위자 각인에 대한 과실비율이 서로 다르더라도 피해자의 과실을 공동불법행위자 각인에 대한 과실로 개별적으로 평가할 것이 아니고 그들 전원에 대한 과실로 전체적으로 평가하여야 한다.

② 공동불법행위자 중 1인이 자기의 부담 부분 이상을 변제하여 공동의 면책을 얻게 하였을 때는 다른 공동불법행위자에게 그 부담부분의 비율에 따라 구상권을 행사할 수 있다.

③ 공동불법행위책임에 있어서 가해자 중 1인이 다른 가해자에 비하여 불법행위에 가공한 정도가 경한 경우, 피해자에 대한 관계에서 그 가해자의 책임 범위를 제한할 수 있다.

④ 공동 아닌 수인의 행위 중에 어느 자의 행위가 그 손해를 가한 것인지 알 수 없는 경우에는 각각의 행위와 손해 발생 사이의 상당인과관계가 법률상 추정된다.

정답: ③

18. 자동차운전학원의 피교습자가 교습용 차량을 운전하다가 사고를 일으켜 학원 운영자와 피교습자가 공동으로 손해배상을 지는 경우, 그들의 채무 관계로 가장 적절한 것은? [법원행시 21회]

① 불가분 채무

② 연대채무

③ 부진정연대채무

④ 공동채무

⑤ 분할채무

정답: ③

19. 불법행위에 대한 설명 중 가장 옳지 않은 것은? (다툼이 있는 경우에는 판례에 의함) [2011년 법원행시]

① 불법행위 성립요건으로서의 위법성은 관련 행위 전체를 일체로만 판단하여 결정하여야 하는 것은 아니고, 문제가 되는 행위마다 개별적, 상대적으로 판단하여야 한다.

② 채무불이행으로 인한 손해배상청구권에 대한 소멸시효 항변이 불법행위로 인한 손해배상청구권에 대한 소멸시효 항변을 포함하는 것으로 볼 수는 없다.

③ 채무자가 제삼자로부터 대여받아 보관하고 있는 물건임을 알면서도 채무자로부터 담보의 의미로 제공받아 이를 보관, 은닉한 행위는 제삼자에 대하여 불법행위를 구성한다.

④ 불법행위의 성립요건인 과실은 사회평균인으로서의 주의의무를 위반한 경우를 가리키는 것이고, 여기서 사회평균인이라고 하는 것은 추상적 일반인을 말하는 것이 아니라 그때그때의 구체적인

사례에 있어서의 보통인을 말한다.

⑤ 보전처분의 집행채권자가 본안소송에서 패소 확정된 경우, 그 채권자에게 채무자의 보전처분의 집행으로 인한 손해에 대하여 고의 또는 과실이 있다고 당연히 추정되지는 않는다.

정답: ⑤(대법원 92다8453판결)

20. 다음 중 불법행위의 성립에 관한 판례의 입장과 명백히 다른 것은?

[2009년 법원능력검정]

① 확정판결에 기한 강제집행이라면 당사자의 절차적 기본권이 근본적으로 침해된 상태에서 선고되는 등 확정판결의 효력을 존중하는 것이 정의에 반함이 명백한 경우라고 하더라고 재심 절차에 의하여 그 판결이 취소되어야 할 것이고, 거기에 불법행위가 성립될 여지는 없다.

② 고소인의 고소 내용이 터무니없는 허위사실이 아니라 사실에 기초하였으나 그 정황을 다소 과장하였을 뿐이라면 불법행위가 성립되지 않는다.

③ 인터넷에서 무료로 취득한 공개정보에 대해 달리 사실관계의 조사나 확인 없이 명예훼손적 사실을 적시한 경우라면, 행위자가 그 내용이 진실이라고 믿었다고 한들 그렇게 믿을 만한 상당한 이유가 있다고 보기 어려우므로 불법행위가 성립된다.

④ 온라인 서비스 제공자가 자신이 관리하는 전자게시판에 타인의 명예를 훼손하는 내용이 게재된 것을 알았거나 알 수 있었다는 사정만으로 항상 그 글을 즉시 삭제할 의무를 지게 된다고 할 수는 없고, 그에게 게시물을 삭제할 의무가 있음에도 정당한 사유 없이 이

를 이행하지 아니한 경우라고 인정되어야만 불법행위가 성립된다.

정답: ①(대법원 2005다29481판결)

21. 불법행위에 관한 다음 설명 중 옳지 않은 것은? (다툼이 있는 경우에는 판례에 의함) [2010년 법원능력검정]

① 심신상실 중에 타인에게 손해를 가한 자는 원칙적으로 배상의 책임이 없다.

② 피해자의 부주의를 이용하여 고의로 불법행위를 저지른 자가 바로 그 피해자의 부주의를 이유로 과실상계를 주장하는 것은 신의칙상 허용될 수 없다.

③ 민법 제752조는 "타인의 생명을 해한 자는 피해자의 직계존속, 직계비속 및 배우자에 대하여는 재산상의 손해 없는 경우에도 손해배상의 책임이 있다."라고 규정하고 있는바, 위자료청구권자는 위 규정에 열거된 자로 제한한다.

④ 타인의 명예를 훼손한 자에 대하여 법원은 피해자의 청구에 의하여 손해배상에 갈음하거나 손해배상과 함께 명예회복에 적당한 처분을 명할 수 있으나, 사죄 광고는 여기에 포함되지 않는다.

정답: ③(대법원 78다1545판결)

22. 불법행위에 관한 기술 중 옳지 못한 것은? [2001년 법원서기보]

① 채권자는 고의로 불법행위로 인한 손해배상채권을 자동채권으로 하여 상계할 수 있다.

② 불법행위일로부터 3년을 경과하면 손해배상채권은 시효로 소멸한다.

③ 일정한 경우에는 피해자에게 과실이 없더라도 법원의 재량으로 배상의무자의 배상액을 경감하여 줄 수 있다.

④ 불법행위에 대한 손해배상청구는 불법행위 시부터 지체의 책임이 있다.

정답: ②

23. 불법행위책임에 관한 설명이다. 판례의 입장과 다른 것은?

[사법시험 48회]

① 불법행위로 인한 손해배상채권에 있어서 민법 제766조 제2항에 의한 소멸시효의 기산점이 되는 '불법행위를 한 날'이란 가해행위가 있었던 날이 아니라 현실적으로 손해의 결과가 발생한 날을 의미한다.

② 甲과 乙이 계약의 체결을 교섭하는 단계에서, 甲이 乙에게 계약이 확실하게 체결되리라는 정당한 기내 내지 신뢰를 부여하여 乙이 그 신뢰에 따라 행동하였음에도, 甲이 상당한 이유 없이 계약의 체결을 거부하여 乙에게 손해를 입혔다면, 甲은 乙에 대하여 불법행위책임을 부담한다.

③ 불법행위로 인하여 건물이 훼손된 경우, 수리가 가능하다면 그 수리비가 통상의 손해라 할 것이고, 수리로 인하여 훼손 전보다 건물의 교환가치가 증가한 경우에도 역시 통상의 손해는 수리비 전체이며, 수리비에서 교환가치 증가분을 공제한 금액이라고 할 것은 아니다.

④ 불법행위로 영업용 물건이 멸실된 경우, 이를 대체할 다른 물건을 마련하기 위하여 필요한 합리적인 기간 동안 그 물건을 이용하여 영업

을 계속하였더라면 얻을 수 있었던 이익은 그에 대한 증명이 가능한 통상의 손해로서 그 교환가치와는 별도로 배상하여야 한다.

정답: ③

24. 불법행위에 관한 다음의 설명 중 가장 잘못된 것은? (판례에 따름) [법무사 12회]

① 판례는 현재 적극적 손해와 소극적 손해 및 정신적 손해라고 하는 손해삼분설에 따르고 있다.

② 손해배상의 범위에 관한 민법 제393조는 과실에 의한 불법행위로 인한 손해배상청구의 경우에 있어서는 준용되지 않는 것이 원칙이다.

③ 불법행위로 인한 손해배상청구권과 부당이득반환청구권이 동시에 성립할 수도 있다.

④ 타인의 명예를 훼손한 자에 대하여는 법원은 피해자의 청구에 의하여 손해배상에 갈음하거나 손해배상과 함께 명예회복에 적당한 처분을 명할 수 있다.

정답: ②

25. 불법행위에 관한 설명으로 옳은 것은? (판례에 의함) [법원행시 26회]

① 태아가 모체와 같이 사망한 경우 태아의 손해배상청구권은 부에게 상속한다.

② 명예훼손에 대한 민법상 구제 방법은 손해배상뿐이다.

③ 불법행위로 인한 손해배상의무자는 그 손해가 고의 또는 중대한 과실에 의한 것이 아니고 그 배상으로 인하여 배상자의 생계에 중

대한 영향을 미치게 될 경우에는 법원에서 그 배상액의 경감을 청
구할 수 있다.

④ 피해자는 부주의를 이용하여 고의로 불법행위를 저질렀더라도 그
피해자의 부주의가 큰 경우에는 과실상계를 주장할 수 있다.

정답: ③

26. 손해배상의 범위에 관하여 가장 옳지 않은 것은? (다툼이 있는 경우에는 판례에 의함) [2008년 법원사무관]

- 객관설에서는 행위자의 특별한 지식과 경험은 주의의무위반의 판단에서 고려
하지 않는다.

① 불법행위로 영업용 택시와 같은 수익용 차량이 손상되어 수리가
불가능한 경우에 새 차를 구입하여 영업을 개시할 수 있을 때까지
의 기간 동안 영업을 하지 못한 휴업손해는 통상손해가 아니라 특
정한 사정으로 인한 손해에 해당한다.

② 채무불이행으로 인한 손해배상은 통상의 손해를 그 한도로 하고,
특별한 사정으로 인한 손해는 채무자가 그 사정을 알았거나 알 수
있었을 때에 한하여 배상의 책임이 있을 뿐이다.

③ 일반적으로 불법행위로 인한 손해는 물건이 멸실되었을 때는 멸실
당시의 시가를, 물건이 훼손되었을 때에는 수리 또는 원상회복이
가능한 경우에는 수리비 또는 원상회복에 드는 비용을, 수리 또는
원상회복이 불가능하거나 그 비용이 과다한 경우에는 훼손으로 인
하여 교환가치가 감소된 부분을 통상의 손해로 보아야 한다.

④ 불법행위로 인하여 노동능력을 상실한 급여소득자의 일실이득을
산정함에 있어서, 장차 그 임금수익이 증가될 것을 상당한 정도로

확실하게 예측할 수 있는 객관적인 자료가 있을 때는 장차 증가될 임금수익을 기준으로 산정된 일실이득 상당의 손해는 당해 불법행위에 의하여 사회 관념상 통상 생기는 것으로 인정되는 통상손해에 해당한다.

정답: ①

27. 불법행위에 관한 다음의 설명 중 가장 옳지 않은 것은? (다툼이 있는 경우에는 판례에 의함) [법무사 16회]

① 불법행위로 인한 손해배상의 청구권은 피해자나 그 법정대리인이 그 손해 및 가해자를 안 날로부터 3년간 이를 행사하지 아니하면 시효로 인하여 소멸한다.

② 불법행위로 영업용 물건이 멸실된 경우, 이를 대체할 다른 물건을 마련하기 위하여 필요한 합리적인 기간에 그 물건을 이용하여 영업을 계속하였더라면 얻을 수 있었던 이익은 그에 대한 증명이 가능한 통상의 손해이다.

③ 재산권의 침해로 인한 정신적 고통에 대한 위자료는 특별한 사정이 없는 한 인정될 수 없다.

④ 타인의 생명을 해한 자는 피해자의 직계존속, 직계비속 및 배우자에 대하여는 재산상의 손해 없는 경우에도 손해배상의 책임이 있다.

⑤ 부녀와 간통행위를 한 상간자는 특별한 사정이 없는 한 그 부녀의 자녀에 대하여 부모의 혼인 관계 파탄을 이유로 위자료 배상책임을 부담하여야 한다.

정답: ⑤

28. 불법행위에 의한 손해배상청구권의 설명으로 맞는 것은? [법무사 5회]

① 불법행위에 대한 주장, 입증책임은 피해자가 부담한다.

② 우리 민법은 손해배상청구에 관하여 원상회복주의에 의하고 있다.

③ 불법행위에 대한 손해배상청구는 배상청구 시부터 지체의 책임이 있다.

④ 법인의 불법행위능력은 인정되지 않는다.

정답: ①

29. 책임능력에 관한 다음 설명 중 옳지 않은 것은? [법무사 3회]

① 미성년자도 책임능력이 있으면 불법행위로 인한 손해배상책임을 진다.

② 책임능력이 없는 미성년자의 가해행위에 대하여 감독자가 감독의무를 게을리하지 않았음을 입증하지 못하면 손해배상책임을 진다.

③ 책임능력이 있는 미성년자의 가해행위에 대하여도 감독의무자는 손해배상책임을 지는 경우가 있다.

④ 책임능력에 대한 입증책임은 손해배상을 청구하는 피해자가 부담한다.

정답: ④

30. 불법행위에 관한 다음의 설명 중 옳지 않은 것은? [법무사 8회]

① 불법행위로 인한 손해배상의 청구는 피해자나 그 법정대리인이 그 손해 및 가해자를 안 날로부터 10년간 이를 행사하지 아니하면 시효로 인하여 소멸한다.

② 미성년자가 타인에게 손해를 가한 경우에 그 행위의 책임을 변식

할 지능이 없는 때에는 미성년자와 감독할 법정의무 있는 자가 연대하여 배상할 책임이 있다.

③ 판례에 의하면, 민법 제758조에 따라 공작물의 설치 또는 보존의 하자로 인하여 타인에게 가한 손해에 대하여는 원칙적으로 공작물 점유자가 제1차적인 책임을 진다.

④ 태아는 손해배상의 청구권에 관하여 이미 출생한 것으로 본다.

정답: ②

31. 다음 중 불법행위에 기한 손해배상책임의 설명으로 맞지 않는 것은?
[법무사 10회]

① 타인의 행명을 해한 자는 피해자의 직계존속에 대하여 재산상의 손해가 없는 경우에도 손해배상의 책임이 있다.

② 그 행위의 책임을 변식할 지능이 없는 미성년자가 타인에게 손해를 가한 경우에 감독의무자는 감독의무를 해태하지 아니하였다는 이유를 들어 그 책임을 면할 수 없다.

③ 도급인이 그 지시에 관하여 경과실이 있는 경우에는 수급인이 그 일에 관하여 제삼자에게 가한 손해를 배상할 책임이 없다.

④ 태아는 손해배상의 청구권에 관하여는 이미 출생한 것으로 본다.

정답: ②

32. 과실상계에 대한 다음 설명 중 옳지 않은 것은? (다툼이 있는 경우에는 판례에 의함) [법원행시 21회]

① 피해자의 부주의를 이용하여 고의로 불법행위를 저지른 자가 바로 그 피해자의 부주의를 이유로 자신의 책임을 감하여 달라고 주장

하는 것은 허용될 수 없다.

② 불법행위로 인한 손해배상액을 산정함에 있어서는 손익상계를 한 다음 과실상계를 하여야 한다.

③ 과실상계는 채무불이행 내지 불법행위로 인한 손해배상책임에 대하여 인정되는 것이고, 채무 내용에 따른 본래의 급부의 이행을 구하는 경우에는 적용될 것은 아니다.

④ 교통사고의 피해자가 가해자가 가입한 자동차보험 회사로부터 치료비를 지급받은 경우, 그 치료비 중 피해자의 과실 비율에 상당하는 부분은 가해자의 손해배상액에서 공제되어야 한다.

정답: ②

33. A 회사에 근무하는 甲은 회사의 업무로 자동차를 운전하던 중 乙이 운전하는 자동차와 충돌하여 중상을 입었다. 甲이 입은 손해액을 5,000만원이라고 하고 甲에게 50%의 과실이 있다고 하자. 甲에게 2,000만원의 산업재해보상금이 일시금으로 지급된 경우, 甲이 乙에 대하여 청구할 수 있는 손해배상액은 얼마인가? (다툼이 있는 경우에는 판례에 의함) [변리사 40회, 2004년 법원사무관]

① 3,000만 원

② 1,500만 원

③ 1,000만 원

④ 500만 원

정답: ④

34. 다음 중 이른바 중간적 책임에 해당하지 않은 것은? [법무사 3회]

① 책임무능력자의 감독자책임

② 사용자 책임

③ 공작물 점유자의 책임

④ 공작물 소유자의 책임

정답: ④

35. 불법행위로 인한 손해배상청구권에 관한 설명으로 옳은 것은? [1999년 이론 및 판례]

① 임신한 모체에 유해한 약물을 투여하여 태아가 기형아로 태어난 경우에 신생아는 자신의 신체침해를 이유로 母와는 별도로 손해배상청구권을 가진다.

② 불법행위로 인한 손해배상청구권은 불법행위를 한 날로부터 10년이 경과하면 제척기간의 만료로 소멸된다.

③ 법인은 명예를 훼손당하더라도 정신적 고통을 느낄 수 없기 때문에 사죄 광고를 구하는 외에 위자료를 청구할 수 없다.

④ 불법행위에 의한 손해배상청구권은 상속되지 않는다.

정답: ①

36. 15세인 甲은 아파트 옥상에 올라가서 아파트 아래쪽에 어린아이들이 놀고 있는 것을 보았음에도 자기 힘이면 그 어린아이들이 노는 곳보다 더 멀리 안전하게 돌을 던질 수 있다고 생각하고서 돌을 던졌는데 그만 어린아이의 머리에 돌이 맞아 크게 다쳤다. 甲의 죄책을 논함에 있어 주된 쟁점이 될 것으로 보이는 것은? [법무사 6회]

① 확정적 고의와 인식 있는 과실의 구별문제

② 인식 있는 과실과 인식 없는 과실의 구별문제

③ 사회적 상당성이 있는 행위로서 위법성의 조각 사유

④ 미필적 고의와 인식 있는 과실의 구별문제

정답: ④

생활 속 법률상식

대법원 전원합의체 판결

법원과 관련된 신문 기사나 뉴스 보도에서 '대법원 전원합의체 판결'이라는 단어가 종종 등장한다. '대법원 전원합의체 판결'이 가지는 중요성과 시사점을 제대로 이해하기 위해서는 대법원의 구성과 조직을 살펴볼 필요가 있다.

대법원은 3심 제도의 최종심을 관할하는 최고법원이다. 법원조직법에서 명시하고 있듯이 대법원 내에는 3개의 부가 있으며, 각 부는 대법원장과 법원행정처장을 제외한 대법관 4인으로 구성한다.

법원조직법 제11조(최고법원)

대법원은 최고법원이다.

법원조직법 제4조(대법관)

① 대법원에 대법관을 둔다.
② 대법관의 수는 대법원장을 포함하여 14명으로 한다.

'대법원 전원합의체 판결'이란 대법원장을 포함한 14명의 대법관 전원이 함께 협의해 사건을 판결하는 것을 의미한다. 부에서 의견이 일치되지 못한 경우 혹은 다음에 해당하는 경우에는 전원합의체에서 재판한다.

□ 명령·규칙이 헌법 또는 법률에 위반된다고 인정하는 경우
□ 종전에 대법원에서 판시한 헌법·법률·명령 또는 규칙의 해석적
용에 관한 의견을 변경할 필요가 있다고 인정하는 경우
□ 부에서 재판함이 적당하지 않다고 인정하는 경우

대법원 파기환송

대법원 판례를 보다 보면 "원심판결을 파기하고 사건을 서울고등법원 으로 환송한다."와 같은 문구가 등장한다. 여기에서 등장하는 '파기(破 棄)'는 사전적으로 '깨뜨리거나 찢어서 내버림'을 의미한다.

우리나라 최고법원이자 제3심법원인 대법원은 제2심법원(고등법원 또 는 지방법원 본원합의부)의 판결에 잘못이 있는 경우 이를 파기할 수 있 다. 대법원은 파기로 인해 재판이 없는 상태가 되어버린 해당 판결에 대해 새롭게 필요한 심리절차를 결정할 수 있는데 이 경우 대법원이 취할 수 있는 방법 중 하나가 바로 파기환송(破棄還送)이다. 민사소송 법은 제436조에서 파기환송 외에도 파기이송(破棄移送)을, 제437조에서 파기자판(破棄自判)을 규정하고 있다.

파기환송

원심(1심 또는 2심)의 판결이 법리적 오해, 심리미진 등의 문제로 인해 잘못 판결되었고, 대법원은 이를 인정할 수 없으므로 '파기'하여 원심 으로 '환송'할 테니 다시 재판할 것을 결정한다는 의미이다.

> **민사소송법 제436조(파기환송, 이송)**
> ① 상고법원은 상고에 정당한 이유가 있다고 인정할 때에는 원심판결을 파기하고 사건을 원심법원에 환송하거나, 동등한 다른 법원에 이송하여야 한다.
> ② 사건을 환송받거나 이송받은 법원은 다시 변론을 거쳐 재판하여야 한다. 이 경우에는 상고법원이 파기의 이유로 삼은 사실상 및 법률상 판단에 기속된다.
> ③ 원심판결에 관여한 판사는 제2항의 재판에 관여하지 못한다.

파기환송 판결의 기속력에 대해 대법원은 "상고심으로부터 사건을 환송받은 법원은 그 사건을 재판함에 있어서 상고 법원이 파기 이유로 한 사실상 및 법률상의 판단에 대하여 환송 후의 심리과정에서 새로운 주장이나 입증이 제출되어 기속적 판단의 기초가 된 사실관계에 변동이 생기지 아니하는 한 이에 기속을 받는다."라고 판시한 바 있다. 이는 기속력을 인정하지 않는다면 핑퐁게임과 같이 계속적으로 소송이 오가게 될 뿐만 아니라 법령해석의 통일적인 적용에 문제가 발생할 가능성이 크기 때문이라고 할 수 있다.

> **손실보상금재결처분취소**
> **[대법원 2001. 3. 15., 선고, 98두15597, 전원합의체 판결]**
>
> **【판시 사항】**
> [1] 환송판결의 기속력이 재상고심의 전원합의체에도 미치는지 여부(소극)
> **【판결 요지】**
> [1] […] 행정소송법 제8조 제2항에 의하여 행정소송에 준용되는 민사소송법 제406조 제2항이, 사건을 환송받은 법원은 상고법원이 파기이유로 한 법률상의 판단 등에 기속을 받는다고 규정하고 있는 취지는, 사건을 환송받은 법원이 자신의 견해가 상고법원의 그것과 다르다는 이유로 이에 따르지 아니하고 다른

견해를 취하는 것을 허용한다면 법령의 해석적용의 통일이라는 상고법원의 임무가 유명무실하게 되고, 사건이 하급심법원과 상고법원 사이를 여러 차례 왕복할 수밖에 없게 되어 분쟁의 종국적 해결이 지연되거나 불가능하게 되며, 나아가 심급제도 자체가 무의미하게 되는 결과를 초래하게 될 것이므로, 이를 방지함으로써 법령의 해석적용의 통일을 기하고 심급제도를 유지하며 당사자의 법률관계의 안정과 소송경제를 도모하고자 하는 데 있다고 할 수 있다. [...]

한편, 재판의 구속력이란 법원이 재판 후에 스스로 그 재판의 내용을 철회 또는 변경할 수 없는 당해 법원에 대한 효력을 의미한다. 파기판결의 기속력은 상급법원의 파기판결이 하급법원을 기속하는 효력이라는 점에서 재판의 구속력과 구별된다.

파기이송

상고심 법원이 원심판결을 파기함과 동시에 원심법원 이외에 원심법원과 같은 급의 다른 법원에 직접 이송하는 것을 말한다. 파기환송이 원심법원으로 돌려보내는 것과 차이가 있다.

상고심법원이 상고에 이유가 있다고 인정하는 경우, 원심판결을 파기하면서 사건을 원심법원이 아닌 그와 동등한 다른 법원에 보내서 심리하는 것이 적합한 것으로 판단할 때에 이송한다.

파기자판

상고심 법원이 상고에 이유가 있다고 인정하여 원심판결을 파기하면서 파기환송 또는 파기이송을 하지 않고 그 사건에 대하여 스스로 재판하는 것을 말한다.

민사소송에서는 확정한 사실에 대한 법령적용의 위배를 이유로 하여 판결을 파기하는 경우에 사건이 그 사실에 의하여 재판하기에 충분한 때 또는 사건이 법원의 권한에 속하지 아니함을 이유로 하여 판결을 파기하는 때에 상고심 법원은 그 사건에 대하여 종국 판결, 즉 파기자판을 한다.

헌법재판의 종류

헌법은 국가의 최고법으로서 모든 하위 법령, 즉 법률, 명령, 규칙 등의 내용은 헌법에 위반되어서는 아니 되며 대통령, 입법부, 행정부, 사법부 등 모든 국가기관은 모든 통치권의 행사에서 헌법을 준수하여야 한다.

법률관계의 근거가 되는 법률이 헌법에 위반되는 잘못이 있다고 주장거나, 국민에게 의무를 지우거나 국민의 자유를 제한하는 국가 공권력의 작용이 헌법에 위반된다고 다툴 때가 있다. 헌법재판은 이러한 다툼을 해결하여 국가 공권력 작용이 헌법을 준수하게 하고 국민의 기본권을 보호하게 하는 재판이다. 헌법재판소의 헌법재판은 다음과 같이 크게 5가지로 구분된다.[9]

위헌법률심판(違憲法律審判)

법률이 헌법을 위반하는지의 여부를 가리는 심사이다.

합헌과 위헌 외에 한정합헌, 한정위헌, 일부위헌, 헌법불합치, 입법촉구 등의 유형이 존재한다. 한정위헌 또는 한정합헌 형식의 결정

---

9   헌법재판소, "알기 쉬운 헌법재판".

이 가능한지 또는 법원을 기속하는지에 관해서는 대법원과 헌법재판소 간에 대립이 있다. 헌법재판소는 기속력을 인정하고 대법원은 부정한다.

탄핵심판(彈劾審判)

일반적인 징계로 처벌할 수 없는 고위 공무원이나 특수한 위치에 있는 공무원을 국회가 탄핵소추한 후에 그 공무원을 탄핵할 것인지의 여부를 가리는 심사이다.

탄핵 절차를 가지는 공무원에는 대통령, 국무총리, 헌법재판소 재판관 등이 있다.

정당해산심판(政黨解散審判)

어떤 정당의 목적이나 활동이 헌법이 정하는 질서를 위배할 경우 그 정당을 해산할지의 여부를 가리는 심사이다.

권한쟁의심판(權限爭議審判)

국가기관이나 지방자치단체 사이에 권한에 대한 분쟁이 있을 경우 이를 조정하는 심사이다.

헌법소원심판(憲法訴願審判)

국가권력이나 헌법이 국민에게 보장한 기본권을 침해할 경우 그 행위가 헌법을 위반하는지의 여부를 가리는 심사이다.

변호사 강제주의와 헌법재판

헌법재판의 당사자가 사인(私人)인 경우에 반드시 변호사를 대리인으로 선임해야만 한다는 원칙이다. 헌법재판소 법 제25조에서 이를 규정하고 있다. 여기에서 '사인'이란, 국가기관이나 지방자치단체가 아닌 개인 또는 단체를 말한다. 다시 말해, 변호사를 대리인으로 선임하지 않으면 헌법재판을 청구하거나 수행할 수 없다는 것을 의미한다.

> **헌법재판소법 제25조(대표자·대리인)**
> ① 각종 심판 절차에 있어서 정부가 당사자(참가인을 포함한다. 이하 같다)인 때에는 법무부 장관이 이를 대표한다.
> ② 각종 심판 절차에 있어서 당사자인 국가기관 또는 지방자치단체는 변호사 또는 변호사의 자격이 있는 소속직원을 대리인으로 선임하여 심판을 수행하게 할 수 있다.
> ③ 각종 심판 절차에 있어서 당사자인 사인은 변호사를 대리인으로 선임하지 아니하면 심판청구를 하거나 심판수행을 하지 못한다. 다만, 그가 변호사의 자격이 있는 때에는 그러하지 아니하다.

헌법재판소법 제25조 규정에 따라 정부가 당사자인 경우 법무부 장관이 정부를 대표한다. 국가기관 또는 지방자치단체가 당사자인 경우에는 변호사 또는 변호사의 자격이 있는 소속직원을 대리인으로 선임

수행한다. 개인이 당사자인 경우에는 자신이 변호사가 아니라면, 변호사를 대리인으로 선임하여야 한다.

　이와 관련하여 변호사 강제주의의 원칙이 헌법상 보장된 '재판을 받을 권리(헌법 제27조 제1항)'의 침해 여부가 논란이 되어 왔다. 헌법재판소는 아래의 판결을 통해 이를 부정한 바 있다.

헌법재판소 2010. 3. 25., 선고, 2008헌마439, 전원재판부
[헌법재판소법 제25조 제3항 위헌 확인]

【판시 사항】

가. 헌법소원심판에 있어 반드시 변호사를 대리인으로 선임하도록 규정하고 있는 헌법재판소법(1988. 8. 5. 법률 제4017호로 제정된 것) 제25조 제3항(이하 '이 사건 법률조항'이라 한다)이 과잉금지원칙에 위반하여 재판청구권을 침해하는지 여부(소극) [⋯]

【결정 요지】

가. 변호사 강제주의는 법률 지식이 불충분한 당사자의 기본권 침해에 대한 구제를 보장하고, 당사자를 설득하여 승소의 가망이 없는 헌법재판의 청구를 자제시키며, 헌법재판에서의 주장과 자료를 정리, 개발하고 객관화하는 기능을 수행함으로써, 재판소와 관계 당사자 모두가 시간, 노력, 비용을 절감하여 헌법재판의 질적 향상을 가져온다. 이 사건 법률조항에 의하여 국민의 경제적 부담과 재판청구권을 혼자서는 행사할 수 없다는 제약은 개인의 사적 이익에 대한 제한임에 반하여, 변호사가 헌법재판에서 수행하는 기능들은 모두 국가와 사회의 공공복리에 기여하는 것이고, 양자를 비교할 때 변호사의 강제를 통하여 얻게 되는 공공의 복리는 그로 인하여 제한되는 개인의 사익에 비하여 훨씬 크다고 할 것이다. [⋯]

나아가 헌법소원심판의 경우에는 당사자가 변호사를 대리인으로 선임할 자력이 없는 때 또는 공익상 필요한 때에는 국가의 비용으로 변호사를 대리인으로 선임하여 주는 국선대리인제도가 마련되어 있고(법 제70조), 변호사가 선임되어 있는 경우에도 당사자 본인이 스스로의 주장과 자료를 헌법재판소에 제출하여 재판청구권을 행사하는 것이 봉쇄되어 있지 않은 점 등을 고려할 때, 이 사건 법률조항은 과잉금지원칙에 위배되지 아니한다.

헌법재판소의 인용, 기각, 각하결정

헌법소원심판의 종국결정에는 크게 3가지가 있다. ① 심판청구가 부적법한 경우에 하는 '각하결정', ② 심판청구가 이유 없는 경우에 하는 '기각결정', ③ 심판청구가 이유 있는 경우에 하는 '인용결정'이 그것이다.[10]

각하결정

심판청구 절차상 문제가 있어 심판 청구 요건이 안된다는 결정이다. 9명의 헌법재판관 중 재판관 5명 이상이 판정하여야 한다.

기각결정

인용과 반대되는 의미로 심판 청구 이유가 타당하지 않은 경우에 하는 결정이다.

인용결정

소를 제기한 측의 의견이 옳다고 생각하는 경우에 하는 결정이다. 9명의 헌법재판관 중 6명 이상이 찬성할 경우 '인용' 결정을 하게 된다.

---

10 헌법재판소, "알기 쉬운 헌법재판".

상소, 항소, 상고, 항고, 재항고

　법원에 관한 기사나 판결문을 읽다 보면 '상소', '항소', '상고', '항고 및 재항고'라는 법률용어가 등장한다. 각각의 단어가 의미하는 바는 다음과 같다.

상소

항소, 상고, 항고 등 상급법원에의 불복 신청을 통칭하는 단어이다.

항소

1심 판결에 불복해 2심 법원에 제기하는 소송을 의미한다.

상고

2심 판결에 불복, 대법원에 상소하는 것을 말한다.

항고와 재항고

'판결' 이외의 재판인 '결정'이나 '명령'에 대한 상소를 의미한다. 예를 들면, 파산, 회생, 신청(가압류, 가처분) 등의 '결정'에 대한 상소가 그것이다.

손해배상청구소송의 사건표시

「손해배상 사건에 대한 사건명 표시의 구분」(대법원 재판예규 제1644호, 2017. 2. 9. 발령 2017. 4. 1. 시행)에 따라 손해배상청구소송은 사건의 표시에 청구원인도 표시한다. 손해배상을 청구하는 이유는 다양하므로 다음과 같이 청구원인에 따라 사건이 표시된다.[11]

손해배상(자)

「자동차손해배상 보장법」에서 정한 자동차·원동기장치자전거·철도차량의 운행으로 인한 손해배상청구를 말한다.

손해배상(산)

근로자의 업무상 재해로 인한 손해배상청구를 의미한다.

손해배상(의)

의료과오로 인한 손해배상청구를 말한다.

---

11 "손해배상청구소송의 소장 작성 예시", 법제처, 찾기 쉬운 생활법령 정보, 2019. 6. 15(http://easylaw.go.kr/CSP/CnpClsMain.laf?popMenu=ov&csmSeq=568&ccfNo=4&cciNo=1&cnpClsNo=2).

손해배상(환)

공해(토지오염, 수질오염, 공기오염, 소음 등), 그 밖의 환경오염 또는 훼손으로 인한 손해배상청구를 말한다.

손해배상(지)

지식재산권(특허권, 실용신안권, 상표권, 의장권, 프로그램 저작권 등)의 침해로 인한 손해배상청구를 의미한다.

손해배상(저)

프로그램 저작권 이외의 저작권 침해로 인한 손해배상청구를 의미한다.

손해배상(언)

언론보도로 인한 손해배상청구를 말한다.

손해배상(건)

건설·건축 관련 손해배상청구를 의미한다.

손해배상(국)

국가 또는 지방자치단체를 상대로 하는 손해배상청구를 말한다.

손해배상(기)

기타 사유로 인한 손해배상청구를 의미한다.

부진정연대채무

> **민법 제413조(연대채무의 내용)**
>
> 수인의 채무자가 채무 전부를 각자 이행할 의무가 있고 채무자 1인의 이행으로 다른 채무자도 그 의무를 면하게 되는 때에는 그 채무는 연대채무로 한다.
>
> **민법 제760조(공동불법행위자의 책임)**
>
> ① 수인이 공동의 불법행위로 타인에게 손해를 가한 때에는 연대하여 그 손해를 배상할 책임이 있다.
>
> ② 공동 아닌 수인의 행위 중 어느 자의 행위가 그 손해를 가한 것인지를 알 수 없는 때에도 전 항과 같다.
>
> ③ 교사자나 방조자는 공동행위자로 본다.

우리 민법에는 부진정연대채무에 관한 명문 규정을 두고 있지 않지만, 종래 판례와 통설은 민법이 비교적 자세하게 규정하고 있는 연대채무와 다른 부진정 연대채무라는 별개의 개념을 인정하고 있다. 연대하여 채무를 부담한다는 것은 당연히 민법상 연대채무의 성립을 의미하는 것으로 될 수 있을 터인데도, 일찍부터 판례는 공동불법행위에 있어서는 그로 인한 손해의 배상 책임은 그 상호 간에 부진정연대채무관계가 성립한다고 함이 상당할 것이라고 판시한 이래, 시종일관 위 해석

론을 중심으로 관련 법리를 전개하고 있다.[12]

우리 민법 제760조의 '연대하여'라고 하는 것은 다만 각자가 전부의 보상의무를 진다는 의미에 불과하고 성질상 이것을 부진정연대로 보는 것이 판례의 일관된 입장이다. 양자의 구별기준은 주관적 공동관계의 유무에 있다. 부진정연대채무의 경우, 여러 명의 채무자가 동일한 내용의 채무에 관해 각각 독립해서 그 전부의 급부를 이행할 의무를 부담하기로 하고, 그중 한 사람 또는 여러 사람이 급부를 하면 모든 채무자의 채무가 소멸하는 점은 연대채무와 같다. 그러나 채무자 사이에 주관적 관련성이 없으므로 그중 한 사람에 대해 생긴 사유는 변제 등 채권의 목적을 달성하는 사유 이외에는 다른 채무자에게 영향을 미치지 않는다.

구상금
[대법원 2009. 8. 20., 선고, 2009다32409, 판결]

【판시 사항】
중첩적 채무인수에서 채무자와 인수인이 연대채무관계에 있는지 여부

【판결 요지】
중첩적 채무인수에서 인수인이 채무자의 부탁 없이 채권자와의 계약으로 채무를 인수하는 것은 매우 드문 일이므로 채무자와 인수인은 원칙적으로 주관적 공동관계가 있는 연대채무관계에 있고, 인수인이 채무자의 부탁을 받지 아니하여 주관적 공동관계가 없는 경우에는 부진정연대관계에 있는 것으로 보아야 한다.

---

12 영남대학교 법학연구소, 부진정연대채무론의 판례 법리에 대한 비판적 검토, (2015).

예를 들면, 자가용 운전기사가 사고를 낸 경우에 그 운전기사는 불법행위자로서 당연히 책임이 있으며, 자가용 소유자는 사용자로서 책임을 지게 된다. 여기서 자가용 소유자는 본인의 의사와 관계없이 우연히 연대책임 관계가 성립하게 되는데, 이를 부진정연대채무라 한다.

그런데 이 경우에 피해자가 사고를 낸 자가용 운전기사에 대해 손해배상에 관한 권리를 포기하거나 채무를 면제할 의사표시를 했다고 하더라도 다른 채무자인 자가용 소유자에 대해서는 그 효력이 미치지 않는다. 즉, 피해자는 운전기사와 소유자를 상대로 각각 손해배상을 청구할 수도 있고, 자력, 다시 말해, 갚을 능력이 있다고 판단되는 소유자만을 상대로 손해배상을 청구할 수도 있는 것이다. 또 운전기사와 소유자 가운데 어느 한쪽과 합의를 했더라도 다른 한쪽에 대해서는 손해배상을 청구할 수 있다.

부진정연대채무자 사이에는 주관적인 공동관계가 없으므로 부담부분이 없고, 따라서 원칙적으로 구상관계가 발생하지 않는다. 그러나 판례는 형평 내지 공평을 이유로 구상권을 인정하고 있다.

참고 문헌

강정욱, "의견에 의한 불법행위 책임에 관한 연구", 서울대학교 대학원, 법학과 석사학위, (2016).

구남수, "민법상 구상권의 구조 및 체계에 관한 연구", 동아대학교 대학원, 법학과 박사학위, (2010).

김성수, "소멸시효 완성의 효력", 법무부, (2009).

김학동, 강봉석, 김태선, 김형석, 박인환, "로스쿨 불법행위법", 세창출판사, (2014).

배민영, "손해사정이론", 한국손해사정연구원, (2017).

법제처, "입법자료-소멸시효에 관한 연구", (1998).

서봉석, "형사상 불법행위와 민사상 불법행위", 경북대학교 법학연구원, 『법학논고』 제33집, (2010).

안재홍, "책임보험 근로자재해보상보험의 이론과 실무 기본서", 에듀맵, (2017).

이상욱, "부진정연대채무론의 판례 법리에 대한 비판적 검토", 영남대학교 법학연구소, 『영남법학』 Vol. 40, (2015).

이용식, "상당인과관계설의 이론적 의미와 한계 — 상당성의 본질 —", 서울대학교 법학연구소, 「서울대학교 법학」 Vol. 44 No. 3, (2003).

이진열, "손해(損害)개념과 산정 시기 및 그 범위", 감사원, 「계간·감사」 신년호, (2014).

임태근, "대법원 판례에서 의료과실 판단 기준 분석", 전남대학교 대학원, 의학과 박사학위, (2004).

장재현, "상계에서 몇 가지 문제", 경북대학교 법학연구원,『법학논고』제28집, (2008).

조용호, "손해배상 관련 심사기준 정립을 위한 입법례분석", 법제처,『월간법제』 2008권 12호, (2008).

한국민사법학회, "민법 제763조에 의한 채무불이행 책임규정의 불법행위 책임에 의 준용의 입법적 타당성", 법무부, (2012).

헌법재판소, "알기 쉬운 헌법재판".

"손해배상청구소송의 소장 작성 예시", 법제처, 찾기 쉬운 생활법령 정보, 2019. 6. 15(http://easylaw.go.kr/CSP/CnpClsMain.laf?popMenu=ov&csmSeq=568&ccfNo=4&cciN o=1&cnpClsNo=2).

주요 판례

■ 헌법재판소